ともに生きる
地域コミュニティ
超スマート社会を目指して

横幹〈知の統合〉シリーズ
編集委員会 編

東京電機大学出版局

横幹〈知の統合〉シリーズの刊行によせて

〈知の統合〉は，分野を横断する科学技術を軸に，広範囲の学術分野が連携して，人間・社会の課題に取り組んでいこうとする活動のキーワードです．横断型基幹科学技術研究団体連合（略称：横幹連合）の主要な活動を表すキーワードでもあります．

横幹連合は，文理にわたる学会の連合体です．そこでの活動では，「横断型の基幹科学技術とは何か」，「どのような課題に向けて取り組んでいこうというのか」，「どのようにして課題解決をはかろうというのか」が問題となります．この三つをつなぐキーワードが〈知の統合〉です．

「知」は科学技術という形で積み上げられ，それぞれの個別分野を形作り，それぞれが対応する人間・社会の課題を解決してきました．では，現代の人間・社会における課題に取り組むとき，なぜ〈知の統合〉がキーワードとなるのでしょうか．これが，本シリーズのテーマです．

科学技術では，それぞれの分野が対象とする守備範囲が，時代を経て，だんだん小さいものになっています．いわゆる科学技術の細分化です．これは，個別の科学技術の深化にともなっての成り行きです．一方，個別の科学技術が関わらなければならないそれぞれの問題の範囲は，だんだん大きくなっています．人間・社会での課題が複雑化し，いろいろな問題が相互に関連し始めた結果です．

個別の科学のほうの対象範囲がだんだん小さくなって，一方で扱うべき問題の範囲がだんだん大きくなって，どこかで交差して，対応すべき個別科学が破綻をして，そして，科学の再構築が行われてきました．これが，歴史上の「科学革命」です．

17 世紀の第一の科学革命では，物理，化学（の原型）が，対象としていた自

然現象を説明しきれなくなって破綻して，数学の力を借りた科学の再構造化という革命をもたらしました．19世紀の第二の科学革命では，それまでは"術"であった工学や生産の科学がものの加工，すなわち物質の変化を説明できなくなり，また，破綻しました．20世紀の第三の革命では，広い意味での経営や最適化，すなわちシステムを扱う科学技術が実社会の動きの仕組みを説明できなくなり破綻して，革命をもたらし，情報を軸にした新しい科学を生み出しました．

おそらく21世紀では，環境問題も含めて，人間の生活に伴う，一見ばらばらに見えるあまりに多様な諸問題を，多様な科学が個別に対応しようとし，そして破綻を迎えつつあるように思えます．それに対抗するには，幅広いさまざまな分野が，その垣根を越えて横に手を結ぶということが重要です．しかし，そこでは，手を結ぶことによって協働で共通課題を解決するということ以上のものを志向することが大切です．

すなわち，科学技術を寄せ集めても本質的な解決には至らないからです．ここに，課題解決型の活動の落とし穴があるように思えます．多様な諸問題の根底にあるものを見据えるための科学の創生が必要なのです．それは，細分化された知を統合する「新しい知の創生」，すなわち，「統合知」の創生です．

それとともに，「知を利用するための知」の確立と整備も併せて志向することが重要です．

やがて，人間・社会・環境を扱う科学（技術）にとって，第四の科学革命が必然になります．そこでの科学技術の再構築を担うのは，この「知を利用する知」としての機能を内包する科学を基盤とした，人間や社会の課題の根底を見通すための〈知の統合〉です．

本シリーズでは，それぞれ，現代の人間・社会の課題を見据えたうえでの，〈知の統合〉のあり方を具体的に論じます．本シリーズを通して，身近な科学技術が現代の人間・社会の新しい問題に対応して，21世紀の今後どのように展開していくのかを，読み取っていただければ幸いです．

横断型基幹科学技術研究団体連合

第3代会長　出口光一郎

はじめに

本書の目的 ── 未来社会をコミュニティの観点から考える

情報通信技術（ICT）の進歩に伴って，IoT（Internet of Things：モノのインターネット），ロボット，AI などさまざまな新しい技術が私たちの日常生活に入ってきつつある．こうした新技術は私たちの生活や社会をどのように変えるのだろうか．あるいは，私たちはそれらの技術によってどのような素晴らしい未来社会を思い描くことができるのだろうか．

現在，世界各国がこのような未来戦略を模索している．なかでも，ドイツが掲げる "Industrie 4.0：Smart Manufacturing for the Future"[1]は世界の注目を集めている．これに対して日本でも 2016 年 5 月，内閣府が「科学技術イノベーション総合戦略 2016」を策定し，そのなかで「Society 5.0（超スマート社会）」の実現というテーマを打ち出した．

「Society 5.0（超スマート社会）」が "Industrie 4.0：Smart Manufacturing for the Future" を超えているのは，後者が，「製造分野（モノつくり）」に限定した視野しか持たないのに対して，前者はより広く，社会全体を射程に捉えている点にある．後述するように，「後期近代」としての現代においては，「科学技術」の社会的評価に関して──より正確にいえば「科学技術」と社会の相互関係と人類の未来について，しっかりと見据える必要がある．その意味で，「Society 5.0（超スマート社会）」は "Industrie 4.0：Smart Manufacturing for the Future" を超える意義を持っている．そして，この立場において，「横断型基幹科学技術」「文理融合研究」の真価が発揮される．

とはいえ，現状の「Society 5.0」構想に，「社会」（人びとの関係性としてのコミュニティのあり方）に関する事柄が十分に書き込まれているとはいえない．現

状の「Society 5.0」構想[2]は，経済産業省による「第4次産業革命」に「社会に関する若干の言及」を付加したものである．これでは，未来の社会戦略としては不十分である．われわれはいま，むしろ，「人びとが共に生きる社会（共同体：Community）」の側から，「科学技術」を考えるべき時期に来ているのである．

本書は以上のような問題意識のもとに，文理を横断する多様な視座から，人間を中心とした望ましい未来社会の基盤を検討するものである．

本書の構成

本書は，「Society 5.0」をキータームとして，以下の各章から構成される．

第1章「共生のためのサイバー・コミュニティ――未来へのロードマップ」（遠藤薫）は，超スマート社会の設計とマネジメントに社会／人間的要素を組み込むことの重要性を説き，そのための，住民の社会運営への積極的参画を前提とした，具体的なサイバー・コミュニティ評価システムを提案する．

第2章「超サイバー社会の構成――沼島プロジェクト」（榊原一紀・玉置久）は，太陽光発電や水素燃料，あるいは蓄電池などの新たな要素技術の発展に伴って近年注目されている，比較的小さなコミュニティ内でエネルギーを生成・供給・消費する自律分散型システムについて，「沼島プロジェクト」を題材に検討する．

第3章「地域の"情報場"をめぐるコミュニティ構想に向けて」（河又貴洋）は，地域をめぐる現代日本の抱える社会経済的問題に着目し，先端の情報通信技術（ICT）の「社会形成」について考察し，課題先進国としての日本が直面する技術課題の問題点に関する議論において，「場所性」（「没場所性」（placelessness）の反語としての）と「地域性」（locality）の観点が重要であることを提示する．

第4章「映像アーカイブの活用による地域コミュニティの文化的再生」（北村順生）は，アナログの写真やフィルムなどの形で地域社会に残された映像資料を，デジタル技術を活用した映像アーカイブとして保存，活用することが，地域コミュニティの再生と結びつく可能性について，具体的な実践事例を踏まえながら考察する．

第5章「「思い出」をつなぐネットワークからCommunity 5.0へ――宮城県山元町の復興支援活動より」（服部哲・松本早野香・吉田寛）は，Society 5.0の

構想が実社会にフィットして，豊かな社会を実現するためには，スマート技術を使って構築される情報システムの外部にあり，情報システムに直接参与していない人びとの意志や文化，そして協力などが不可欠であることを，筆者たちが2011年の東日本大震災以降，復興に関わってきた被災地の現実から考える．

第6章「Society 5.0とコンテンツツーリズム――聖アウグスティヌス号について」（平田知久）は，旅客船「聖アウグスティヌス号」の来歴とこの船に関連するさまざまな情報を用いながら，Society 5.0に資するコンテンツツーリズムのあり方を考察し，その答えをもってSociety 5.0への提言を行う．

第7章「"人を中心とした"システムとの共創」（椹木哲夫）は，国際自動制御連盟世界会議 IFAC World Congress 2023の大会テーマに「わ：WA」（『わ：「環」を以て「輪」を為し「和」を創る』）が採用され，自然環境と人間社会の適切な相互作用（フィードバック）をなすためのシステム理論の構築とそれを実現するシステム化技術の確立に焦点が当てられていることを踏まえ，3つの「わ」の観点から，来るべき超スマート社会の実現課題について概観する．

本書とともに来るべき社会について考えていただければ幸いである．

2018年7月

横幹〈知の統合〉シリーズ編集委員会

委員長　遠藤　薫

目 次

第1章　共生のためのサイバー・コミュニティ
── 未来へのロードマップ ……………………………… 遠藤 薫

1. はじめに──未来社会学と歴史　*1*
2. 第4次産業革命とは　*2*
3. スマートシティ／Society 5.0 への動きとその問題　*4*
4. 社会的なるものと社会の進化　*8*
5. 社会が進化するとは　*11*
6. おわりに　*18*

第2章　超サイバー社会の構成
── 沼島プロジェクト ……………………… 榊原 一紀・玉置 久

1. 沼島プロジェクト　*21*
2. 実証実験：直流マイクログリッドの開発　*23*
3. 仮想実験：全体システムの評価と最適化　*25*
4. システム学から見た沼島プロジェクト　*27*
5. 沼島プロジェクトの今後　*29*

第3章　地域の"情報場"をめぐるコミュニティ構想に向けて
……………………………………………… 河又 貴洋

1. はじめに──Society 5.0 への視座　*31*
2. 情報と場所性──「地域性」（Locality）　*32*
3. 都市と地方の相剋／相補性　*35*
4. まとめ──「地域・場所性」とコミュニティ　*42*

第4章　映像アーカイブの活用による地域コミュニティの文化的再生

……………………………………………………… 北村　順生

1. 「Society 5.0」と地域コミュニティの再生　*43*
2. 映像アーカイブと地域社会　*44*
3. 地域のデジタル映像アーカイブの事例　*47*
4. 映像アーカイブの活用事例　*50*
5. 映像アーカイブ実践の可能性　*52*
6. まとめ　*54*

第5章　「思い出」をつなぐネットワークから Community 5.0 へ
　　　── 宮城県山元町の復興支援活動より

………………………………… 服部 哲・松本 早野香・吉田 寛

1. はじめに　*57*
2. 被災地としての山元町とその課題　*58*
3. 山元町パソコン愛好会と地域 SNS の事例　*61*
4. 臨時災害放送局「りんごラジオ」の記録に基づく
　　復興記録アーカイブの事例　*65*
5. 被災地から Community 5.0 を考える　*70*
6. おわりに──山元町からの提案　*73*

第6章　Society 5.0 とコンテンツツーリズム
　　　── 聖アウグスティヌス号について　………………… 平田 知久

1. はじめに──本章の目的　*75*
2. コンテンツツーリズムと Society 5.0　*77*
3. コンテンツツーリズムの陥穽としてのコトの一意化　*80*
4. コンテンツツーリズムの課題としてのコトの多意化　*84*
5. 聖アウグスティヌス号について　*87*
6. おわりに──まとめと Society 5.0 の展望　*90*

目次　*vii*

第7章 "人を中心とした" システムとの共創 …………… 椹木 哲夫

 1．はじめに *93*

 2．「環」を以て──第3の生活世界 *94*

 3．「輪」を為し──SoS と知識の流通 *98*

 4．「和」を創る──レジリエンスと共感 *101*

 5．さいごに *104*

あとがき…………………………………………………………… *107*

注 …………………………………………………………… *109*

参考文献…………………………………………………………… *111*

索 引…………………………………………………………… *119*

編著者紹介………………………………………………………… *123*

第*1*章

共生のためのサイバー・コミュニティ
——未来へのロードマップ

遠藤 薫

1. はじめに——未来社会学と歴史

　私たちの社会は，未来に向かってどのように変化するのだろうか．

　社会科学は誕生以来，この問題を探求してきた．もちろん，多くの人にとって望ましい未来を実現するためである．

　しかし，未来は真空のなかから立ち現れるものではない．明日は今日から，今日は昨日から産み出されるものである．

　20世紀半ばに一世を風靡したW・ロストウ（Walt Whitman Rostow）の「経済発展段階説」は，欧米の近代化プロセスをあらゆる社会に普遍的な社会進化の経路であると見なすものだった．ロストウによれば，「伝統的社会」は，一定の準備期間を経た後，産業革命により「離陸」し，成熟のプロセスを経て，最終的に「大量消費社会」（近代社会）に到達する．

　ロストウの議論が，本質的に正しいか否かについては後の節で改めて考えるが，社会学者の井上俊が指摘するように，この経済発展段階説などをベースに，「経済発展や政治的民主化だけでなく人びとの意識のあり方なども含めて「近代化」の規準とそこに到る道筋が描かれ，その最先端にアメリカ（あるいはアメリカを含む西欧先進社会）が置かれ」[1]（pp. 225-229）てきたこ

とは疑えない．

そして，伝統社会が近代社会へと変貌する契機とされているのが，18世紀にイギリスで始まった，（第1次）産業革命である．

現在，第4次産業革命[2]が進行しつつあると考えられている．ではこの第4次産業革命によって，私たちの社会はどのように変わるのだろうか．あるいはどのような社会を創り出すために第4次産業革命を編制するべきなのだろうか．

この章では，第4次産業革命が多くの人にとって望ましい社会への契機となるための基本的な考え方を提案しようとするものである．

2. 第4次産業革命とは

西欧では17世紀に科学革命が起こった．宗教的世界観を脱し，合理的に世界のメカニズムを捉えようとする知の運動であった．科学革命を基盤として（第1次）産業革命が18世紀に起こった．

科学革命，産業革命は，当然のことながら，西欧における社会・経済の変化と連動したものだった．これにより，社会の権力構造，経済システム，そして人びとの生きる意味（宗教，世界観）に大きな変化が起こり，「近代社会」と呼ばれる現代に続く新たな社会の仕組みが西欧社会のデファクトスタンダードとでもいうべき地位を占めることになった．これが「近代化」（Transformation）と呼ばれる人類史的な社会変動である．

ドイツの社会学者テンニース（Ferdinand Tönnies）は，人間の思考を実在的・自然的な本質意思（Wesenwille）と観念的・作為的な選択意思（Kürwille）とに分類し，前者に基づく集団をゲマインシャフト（Gemeinschaft：共同社会），後者による集団をゲゼルシャフト（Gesellschaft：利益社会）と類型化した[3]．そして，社会は，ゲマインシャフトからゲゼルシャフトへと発展すると考えられ，その重要な契機が産業革命であるとされた．

19世紀頃からの産業革命は，その後，さらにいくつかの段階を経て，現代に至っている．その概念図を図1-1に示す．

2 第1章 共生のためのサイバー・コミュニティ

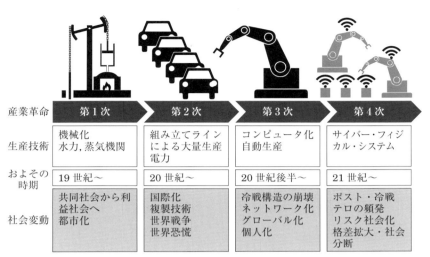

図 1-1　第 4 次産業革命まで[1]

　第 2 の産業革命は，19 世紀末から 20 世紀初頭に始まるもので，新たなエネルギーとして電気が広まり，組み立てラインによる大量生産によって自動車なども一般消費財となった．また，ベンヤミンが「複製技術の時代」[4]と呼んだように，映画，レコード，写真などの産業化も進み，大衆娯楽消費の時代が到来した．その一方，国際関係の緊密化とともに世界恐慌や世界大戦も勃発した．

　第 3 の産業革命は，20 世紀後半（1980 年代以降）からはっきりとした姿を見せるようになった．コンピュータ化が進み，自動制御による多品種少量生産が一般化した．POS や銀行 ATM などのコンピュータネットワーク化，さらにインターネットの普及などにより，物理的な制約を超えて生活領域が拡大し，グローバル化も進行した．その潮流のなかで，第二次世界大戦後の冷戦体制が崩壊し，世界秩序の構造転換が起こった．

　そして現在進行中の第 4 次産業革命では，AI，ロボット，仮想現実，IoT，ビッグデータなどの新技術を用いて，サイバー空間と物理空間を一体化するサイバー・フィジカルシステムが，生産のベースとなると考えられている．

だが，これまでの産業革命と同様，第4次産業革命も必ずしも望ましい社会変化だけを引き起こすとはかぎらない．現にすでに，（技術の変化が直接的原因とはかぎらないが）多くの問題が世界を悩ませている．インターネットによって世界のすみずみまで接続された世界は，あたかも「グローバル・ビレッジ」（マクルーハン）[5]を実現したかのようだが，それは必ずしも理想的な世界ではない．ポスト冷戦の時代は「歴史の終わり」（F・フクヤマ）[6]ではなく，テロの時代の始まりであり，環境問題や人口問題などのリスクにさらされ，経済的な格差の拡大による社会の分断が進行する時代でもある．

なぜこのような問題が生じてきたのか．問題生成のメカニズムを明らかにし，今後の社会をすべての人にとって可能性に満ちたものとすることが，私たちの責任である．

3. スマートシティ／ Society 5.0 への動きとその問題

人びとを苦しめる社会問題は科学技術の発展によって解決できる，という信念は，古くからすでに存在した．

たとえば，トマソ・カンパネッラ（Tommaso Campanella 1568-1639）の著作『太陽の都』（1602年）も科学技術の発展に大きな期待を寄せている．とくにこの書の特徴のひとつは，「理想的国家において発明が重要な役割を担う可能性があることを認識している点である．「太陽の都」の住人たちは，風で進む車や「漕ぎ手や風力ではなく，すばらしい機械仕掛けで走る船」をもっている．ここでは十八世紀に急速にはじまった機械技術の改良がはっきりと予測されているのである」[7]（p. 132）．

このような期待あるいは予想は，現代では，スマートシティ／ Society 5.0 などのコンセプトに受け継がれている．

スマートシティとは

第4次産業革命の基盤となる技術を用いて，現在の社会問題群（の一部）を解決しようとするのが，「スマートシティ」構想である．「スマートシティ」

という考え方を，Wikipedia は次のように説明している[8].

　スマートシティは，さまざまなタイプの電子データ収集センサーを使用して資産やリソースを効率的に管理するための情報を提供する都市領域である．発電所，給水ネットワーク，廃棄物管理，法執行機関，情報システム，学校，図書館，病院などのコミュニティを監視および管理するために処理および分析される市民，機器，資産から収集されたデータがこれに含まれる．スマートシティのコンセプトは，情報通信技術(ICT)，ネットワークに接続されたさまざまな物理デバイス(モノのインターネット：IoT)を統合して市の運営とサービスの効率を最適化し，スマートな都市技術により，市の職員は，コミュニティと都市のインフラストラク

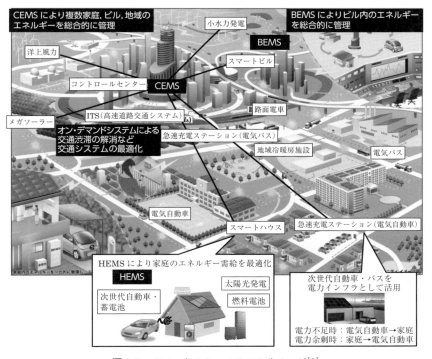

図 1-2　スマートコミュニティのイメージ[9]

チャの両方と直接対話し，市で何が起こっているのか，そしてどのように都市が進化しているかを監視することができる[8]．

また，経済産業省資源エネルギー庁が公表しているスマートコミュニティのイメージは，図 1-2 のようなものである．「エネルギーの消費が増え続ける現代．石油など化石燃料の価格が上昇し，地球温暖化の問題も深刻です．これからは，太陽光や風力など再生可能エネルギーを最大限活用し，一方で，エネルギーの消費を最小限に抑えていく社会が必要です．それを実現するのが家庭やビル，交通システムを ICT ネットワークでつなげ，地域でエネルギーを有効活用する次世代の社会システム．スマートコミュニティです」[10]と解説されている．

Google Sidewalk Labs

一方，2015 年 6 月，グーグル社のラリー・ペイジ（Larry Page）は，テクノロジーで都市問題の解決を目指す Sidewalk Labs という新会社の設立を発表した．

この会社の目的として，次のような事項が挙げられている[11]．

- Sidewalk Labs は，生活の質を向上させるために都市について再考しています．
- 成長する都市には多くの課題があります．長い通勤時間．高い家賃．少ない機会．
- 新しい技術が役立つかもしれませんが，人びとは都市環境を変革するデジタルの進歩を待つ余裕がありません．
- そこでわれわれは，都市のイノベーションを加速し，世界中の都市のためのビーコンとして役立つ新たなタイプの場所を作り出しつつあります．

Sidewalk Labs のプロジェクトは，具体的に，トロントのウォーターフロント地区の再開発に取り組んでいる．

第 1 章　共生のためのサイバー・コミュニティ

トロントでのプロジェクトは，2010 年代初めの「スマートシティ」ブームが必ずしも期待されたような成果を上げていないことを踏まえて，「コミュニティと緊密に連携し，テクノロジーを地域のニーズに合わせ」[12]ることを目指している．

　「コミュニティ」への着目は，これまでの多くの「スマートシティ」構想において等閑にされてきたのが不思議なくらい，当然の視点である．Sidewalk Toronto プロジェクトのサイトでは，コミュニティとの関係を，図 1-3 に示すように提案している．

　しかし，筆者にいわせれば，これだけでも十分とはいえない．実際，2018 年 8 月 3 日付けの MIT テクノロジー・レビュー記事「グーグルの「先進的すぎる」スマートシティ，地元反対で計画に遅れ」[13]によれば，地元住民を含むステークホルダーへの説明が不十分だったため，計画に遅れが出ているという．

コミュニティ

○ 私たちが有意義な市民参加，協働，共創にコミットメントすることによって，市民が Sidewalk Toronto の中心になります．同時に，私たちは，私たちすべてのための新しいタイプの都市を建設したいと望んでいます．私たちのエンゲージメントへのアプローチを示す価値のいくつかを以下に示します．

　□ グレータートロントとハミルトン地区の多様性と差異性の取り込み
　□ すべての居住者が声を発するべきだという信念
　□ 公共財の提供に誠実に取り組む
　□ 私たちの仕事はすべての人を包括し，すべての人が利用できることを保証する
　□ 継続的な学習と人生経験から得られた専門知識を尊重する
　□ 複雑な問題を解決するには，本物のコラボレーションが必要であるという信念

図 1-3　Sidewalk Toronto "Community"[14]

Society 5.0

　日本では，2016 年に公表された「第 5 期科学技術基本計画」[15]の 4 つの柱を，「i）未来の産業創造と社会変革に向けた新たな価値創出の取組，ii）経済・社会的課題への対応，iii）科学技術イノベーションの基盤的な力の強化，iv）イノベーション創出に向けた人材，知，資金の好循環システムの構

築」とした．これにより，「ICT が発展し，ネットワーク化や IoT の利活用が進む中，世界ではドイツの「Industrie 4.0」，米国の「先進製造パートナーシップ」，中国の「中国製造 2025」等，ものづくり分野で ICT を最大限に活用し，第 4 次産業革命とも言うべき変化を先導していく取組が，官民協力の下で打ち出され始めている」という世界情勢のなかで，「ICT を最大限に活用し，サイバー空間とフィジカル空間（現実世界）とを融合させた取組により，人びとに豊かさをもたらす「超スマート社会」を未来社会の姿として共有し，その実現に向けた一連の取組を更に深化させつつ「Society 5.0」[2]として強力に推進し，世界に先駆けて超スマート社会を実現していく」[15]と主張し，「超スマート社会（Society 5.0）」というコンセプトが提唱された．

この宣言は，先にも述べたように，世界のなかでいち早く「社会性」に焦点を当てたという意味で高く評価できる．

とはいえ，現状の「Society 5.0」構想には，「社会」（人びとの関係性としてのコミュニティのあり方）に関する事柄が十分に書き込まれていない．現状の「Society 5.0」構想[16]は，経済産業省による「第 4 次産業革命」に「社会に関する若干の言及」を付加したものにすぎない．これでは，未来の社会戦略としては不十分である．われわれはいま，むしろ，「人びとが共に生きる社会（共同体：Community）」の側から，「科学技術」を考えるべき時期に来ている．

4. 社会的なるものと社会の進化

発展段階説への批判——経路依存説

さて，ここで冒頭に挙げたロストウの経済発展段階説を再検討しよう．

ロストウの経済発展段階説は，地球のすべての地域に対して一般的に当てはまる「発展段階」があることを前提としたものである．しかし，それは真実だろうか？

ロストウの経済発展段階説については，発表後間もない頃から批判が寄せられた．たとえば，経済学者の松井清は，「ロストウ開発論批判」[17]で，（ロ

ストウの）「経済発達段階説は，およそ歴史学について少しでも常識をもっているものにとっては，余りにもお粗末きわまるものである．近代について，そのとらえ方については，それぞれ異った立場はあるけれども，それを資本主義経済とかかわらしめることなく，基礎段階，離陸の段階，自立的成長の段階などという空虚な形容詞で片づけてしまうことは，言論の暴力とさえいえなくはない．またいやしくも近代史を問題とする以上，それに先行する中世や古代をどうみるかの責任ある態度を示す必要があろう．ロストウは中世史や古代史についても，印象的な形容詞でこれを片づけてしまおうとするのであろうか．結局ロストウは歴史を真面目に研究しようとしているのではなく，現代アメリカ帝国主義の行いつつある低開発国の「近代化」という目的から，およそ歴史学とは縁遠い段階区分を行っているのである」[17]（p. 32）．

　ロストウの経済発展段階説は，「外部の参照点との距離をつかって内部を反省する枠組み」[18]としての伝統的近代化論の典型例といえる．N・ルーマン（Niklas Luhmann）の議論に依拠した佐藤の言葉を借りれば，「近代化論は中心＝極点以外に位置する社会においては，自らの内部を反省する枠組みであるとともに，中心＝極点に位置する社会にとっては，自ら以外の社会を一般的に評価する枠組みになる．それゆえ，この近代化論では中心＝極点に位置する社会は実質的に語られない．極点に位置づけられた社会にとって，自らは不動の定点だからである」[18]．

　「科学技術の進歩によって，全ての産業社会が先進国になれる．それは裏返せば，科学技術の進歩によって，それぞれの産業社会がたどってきた経路，具体的には産業化の開始時点やそれ以前の社会の形態の影響力が消去できる，ということだ．すなわち，科学技術の夢は，それぞれの産業社会の経路依存性を失効 cancel out する．

　それゆえ，その夢がはじけることは，産業社会の経路依存性が復活することである．先の世界システム論的とらえ方も，もちろんその一つだ．そこでは，産業化の開始時点が影響力の強い決定変数として残り続ける．

　経路依存性を当事者視点でいいかえると，「社会は時間的な厚みをもって成立する」ということだ．そこでは社会は3次元の空間連続体ではなく，4

次元の時空連続体として主題化される．全ての産業社会はそれぞれ固有な時空連続であり，その意味で，あるいはその意味においてのみ対等であるといえる」[18].

社会の「経路依存性」に着目することは，われわれの社会を抽象的な一般モデルとしてではなく，まさに生きられてきた，そして生きられている現実の総体として捉えなおすことである．ただし，「経路依存性は，過去と現在とを関係付ける概念であるが，決定論を意味するものではない．経路依存性とは，歴史的決定主義や過去依存を示唆するものではなく，過去になされた選択が，方法やデザイン，慣行の後の選択に影響を与えるのであり，蓋然的で偶有的な過程 [3]」，すなわち，一方が他方より容易であったことを意味する（Håkansson and Lundgren 1997; Walker 2000）」[19].

全体社会と日常生活

個別の社会の発展の経路依存性，いいかえれば蓄積された歴史の厚みを理解しようとすることは，単に「大きな歴史」（たとえば，ロストウの発展段階説のように，経済，政治体制，世界覇権などの歴史）だけではなく，それぞれの社会において，個々人がどのような日常生活を営み，何を感じ，生きていたのだろうという「小さな歴史（ミクロヒストリー）」を重視することでもある．

すでに近代の初め，『衣装哲学』で知られるスコットランドの歴史家トーマス・カーライル（Thomas Carlyle 1795-1881）は，次のように論じている[20][4].

歴史をまったく別の原理で探究するとき，時間は身近なものになる．つまり，法廷や議会，戦場がどんどんと後背地に押しやられ，かわりに寺院や工場，社会生活がますます前面に押し出されるとき，歴史学は，人々がいかに『課税され沈黙を余儀なくされた』のかという問いに答えるだけでは満足しないだろう．歴史学は，これとは異なる無限に大きく重要な疑問に答えようとするだろう．その疑問とは，当時において何が，

どうして人たるのかという問いである．このとき，我々の政府や『我々の生活が営まれる家』ではなく，そこで営まれる生活自体が探究の対象となるだろう（Carlyle，［1889］83）[21]．

　では，このような視点を受け入れるとして，そこからどのような展望が得られるのだろうか．ブルーア（John Brewer）は，「仮に我々が日常生活の研究という課題に満足し，先達のいく人かが同様には感じなかった（もしくは同じ立場にはいなかった）欲求を充足することができたとしても，我々が研究対象となる現象をめぐる何らかの展望を模索する義務から免れるわけではない」[21]と指摘しつつ，「学問的観点から日常生活は「奇妙な」あるいは「他者」であるという見解は，日常を通じて真実に迫ることができるという認識と，我々が想像する以上に，適合的である．その真実とは，部分的でもイデオロギー的でもなく，学問分野の足手まといになるわけでも錯覚をおこさせるわけでもなく，何らかの意味で「リアルなもの」なのである．そして日常生活の尺度を採用することで，学生は，素材との具体的で緊密な関係を保つことが可能になる」[21]と述べている．

5. 社会が進化するとは

未来へのロードマップ

　では，具体的にいま，私たちの未来社会をどのように構想すべきなのか．

　重要なのは，社会の側から，科学技術を含む社会状況を評価することである．これまで，社会の状況や，科学技術の評価は，効率性や経済性の最大化を目指す方向で行われてきた．社会規範や社会的幸福という視点は，おまけのように付け加えられていたにすぎない．あるいは，世論動向などによって，曖昧で不透明なかたちで参入されてきたにすぎない．

　このような現状に対して，上記第4次近代の諸問題を解決し，社会幸福の側からいくつかの評価軸をおいて，来るべき未来へ向かう道筋を考えて行くことが今重要である．

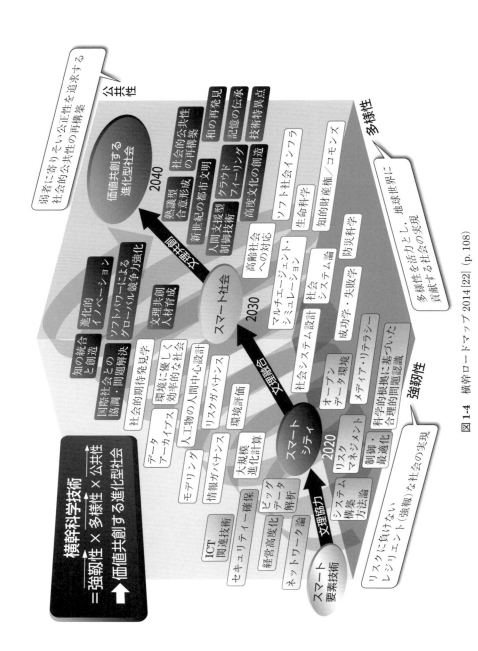

図 1-4 横幹ロードマップ 2014 [22] (p. 108)

12　第 1 章　共生のためのサイバー・コミュニティ

じつは，横断型基幹科学技術研究団体連合（横幹）学術・国際委員会では
すでに，このような Community 5.0 へのロードマップ（図 1-4）を，（やや
用語法は異なるが），日本学術会議報告として，提言している．以下に，そ
の内容を引用する[22]（pp. 87-88）．

オ　知の統合学：価値共創するレジリエントな進化型社会を実現する横
　　幹科学技術
（ア）リスクに負けないレジリエントな社会の実現
　　2011 年 3 月 11 日日本を襲った東日本大震災は，科学・技術の進
んだ現代社会をおびやかすさまざまなリスクの存在を改めて我々の眼
前につきつけた．このときに明らかになったのは，単に自然災害の脅
威の大きさだけではなく，現代の社会的リスクが自然科学と人文社会
科学の双方の領域にまたがり，複雑に入り組んだ構造をしているため，
これまでのような分離分割された枠組みでは対応できないという事実
であった．現代の社会の脆弱性を多方面から解析し，「マルチエージェ
ント・シミュレーション」等を媒介として，個別要因の相互連環をシ
ステム科学的に統合的に解明し，横幹科学技術としてこれを克服する
ことが，レジリエントな社会実現のために急務である．

（イ）多様性を活力とし，地球世界に貢献する社会の実現
　　社会的弱者或いはマイノリティの視点を社会に活かすことは，単に
公正性の観点からだけではなく，多様な視座，多様な選択肢，多様な
価値観を社会の中に活かすことで，社会の活力を向上させ，社会的リ
スクを解決する基盤ともなる．社会の多様性は，まさに社会的豊潤さ
の源泉であり，もう 1 つの軸である社会的公共性の保証でもある．横
幹科学技術は，自然科学と人文社会科学が手を携え，「社会的期待発見」
を行い，「文理共創的人材育成」を踏まえつつ，持続可能な「進化的
イノベーション」の基盤を構成する．

5. 社会が進化するとは

（ウ）弱者に寄りそい公正性を追求する社会的公共性の再構築

　社会が豊かになっても，弱者に寄りそう公共性を備えていなければ，社会の中に目に見えない歪みが蓄積し，社会の脆弱性を潜在的に拡大し，社会を背後からおびやかす．社会的公正性の追求は，社会的理念として重要であるばかりではなく，社会のガバナンスの包括的基盤であり，社会的豊潤を担保する多様性確保の前提でもある．横幹科学技術は，「人工物の人間中心設計」「人間支援型制御技術」「記憶の伝承」等を通じて社会的公共性の再構築を図る．

　ロードマップの各所に配置された横幹科学技術は，これら3つの軸を自在に超えて，相互に有機的に連携し，ダイナミックに共進化し，新たな価値の共創を持続的に可能にする進化型社会のインフラストラクチャーを実現していくのである．

共生のためのサイバー・コミュニティをマネージするために

　前項では，われわれの「未来社会」がそこに向かって進化すべき3つの理念として，「強靭性（持続可能性）」「多様性」「公共性」の3つを提示した．

　次に考えなければいけないのは，この進化プロセスをどのように促進していくか，である．そのためにわれわれは，「構想駆動型社会システムマネジメント」プロジェクト[5]を立ち上げた．以下では，このプロジェクトに沿って，サイバー・コミュニティの進化マネジメントについて論ずる．

構想駆動型社会システムマネジメント

　「構想駆動型社会システムマネジメント」とは，図1-5に示すような「サイバー・コミュニティシステム」の進化的運用をいう．この運用を考えるにあたっては，サイバー・コミュニティを，SoS（System of Systems）として捉える必要がある．

　システム工学者の西村秀和は，われわれのプロジェクトの全体を概括して次のように述べている[23]（p. 35）．

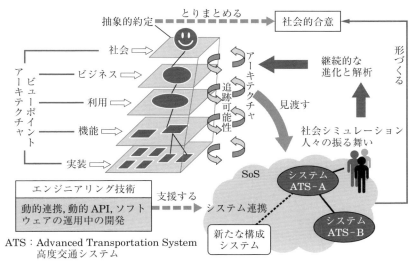

図 1-5 抽象的約定を含む5層アーキテクチャの提案[23]（p. 36，和訳は西村秀和による）

　社会ビューポイントのレイヤーには，その利害関係者の関心事や懸念を反映した社会としてのビジョンを見据えた社会的合意をとりまとめた（compile）抽象的約定（Abstract Contract，以下 AC）を設定する．

　社会的な合意の背景には，グローバルには地域の文化，倫理，宗教，民族までもが考慮されなければならない．また，当然ながら，利害関係者の関心事やニーズは，安全性，持続可能性，強靱性などの品質や，他に信頼性，可用性，保守性，セキュリティに関連する．

　[…]

　Fig.4 には[6]，AC を含めたアーキテクチャが SoS を見渡し，社会的合意をとりまとめている AC の最終的な判断のもとで，システム連携を許可することを表している．AC の役割は極めて大きく，新たに繋ごうとする CS を特定し，最終的な安全の保証と整合をとることが求められる．このためには，SoS に対して継続的に分析および評価を行う必要があり，そこでは，人の動態計測や社会シミュレーションなどを実施する必要があると考えられる．AC は SoS の進化的で適応的な発展を実現するため

に必須のメカニズムであり，社会の合意の変化をも捉え，SoS アーキテクチャの更新に関与するものになると考えている．

「構想駆動型社会システムマネジメント」とは，そこに住む人びとの生きることの豊かさを，経済や環境，技術などの変化に応じて提供できるサービスシステムを構築し，社会の持続可能性，強靱性，公共性の向上を目的とするものである．この目的を達成するため，共同研究グループ a は，(1) 社会とシステム構築側との社会・技術・SoS に関する知識・情報共有協働によるビジョン構築（合意形成），(2) 社会とシステム構築側との協働によるビジョン構築（合意形成），(3) システム運用後のシナリオ策定，(4) (2)(3) に基づくシステム移行のマネジメント，(5) システム稼働後のコミュニティ価値に関わる継続的なシステムの社会的インパクト（価値）のモニタリング，(6) (5) に基づくシステムへのフィードバック，ビジョンの改善，という「社会と技術の競争・共進化のループ」を設計し，SoS として満たすべき抽象度の高い約定を定義する．本格研究の段階では，具体的に社会実装する．いわば，社会と技術の共進化のベースを作るのである．

システムを評価するシステム

われわれが望む社会を，「強靱性」「多様性」「公共性」という 3 つの軸に沿って高度化していく動的な社会であるとすると，これを持続可能なプロセス・システムとして実現しなければならない．そのためには，これらの要件が満

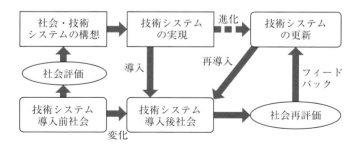

図 1-6　社会評価とそのフィードバックによる技術システムの進化

たされているか否かを常にチェックしなければならない．そして，チェックの結果をシステム（SoS）にフィードバックさせ，SoS 全体を進化させていく必要がある．この循環プロセスを図 1-6 に示す．

また，そうした SoS のチェック（評価）は，技術的な観点はもとより，幅広い社会経済的な観点が必要とされる．そのため，評価プロセスには，技術者やシステム工学研究者だけでなく，社会科学研究者も加わるべきである．さらに，日々この SoS を利用する住民たち，その他，この SoS にかかわるすべてのステークホルダーたちが関与するべきである．

プロセスを評価するポイントと評価の方法論

この評価システムを，システムのライフサイクルという視座から考えると，図 1-7 のようになる．また，その個々の評価ポイントにおいては，やはり図 1-7 に示すような，社会科学的方法論を適用することを検討している．

それぞれの段階における評価の方法論を簡単に説明する．

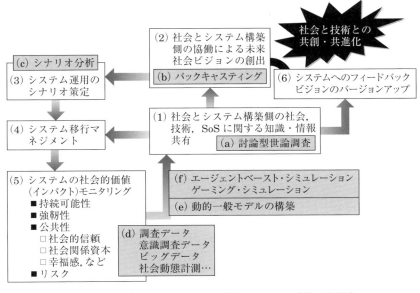

図 1-7　市民参画によるシステム進化のための社会科学的要素

（a）討論型世論調査：「討論型世論調査（Deliberative Polling® の頭文字をとり以下 DP と略す）は，意見の代表性と討議の質の二律背反問題を克服する手法の一つとして，スタンフォード大学のフィシュキン（J. Fishkin）教授が考案した手法である．討論型世論調査は，無作為抽出された 100 人から 300 人の市民が 15 人程度の小グループにわかれ，十分な情報提供の下で討議を行えば，代表性を確保しつつ，討議の質も高めることができるはずだという着想に基づいている」[24]（p. 1）．日本では坂野達郎が代表的な研究者である．

（b）バックキャスティング：未来の「望ましい状況」がどのように達成できるかを理解しようとするプロセスである．将来の特定の瞬間から始め，そこから現時点に至るまでをステップバイステップで遡ることにより，「望ましい将来」の実現可能性を探る[25]．日本では西條辰義が「フューチャーデザイン」というプロジェクトを行っている．

（c）シナリオ分析：ストーリーを体験することにより，状況を「自分事」として認識してもらう．

（d）各種調査データ：構想駆動型社会システムマネジメントでは，とくにシステム導入による社会的感覚の変化に着目する．たとえば，「社会関係資本」「社会的信頼」「幸福感」「生き心地の良さ」などである．

（e）動的一般モデルの構築．

（f）エージェントベースト・シミュレーション：（a）〜（e）をもとにシミュレーションモデルを構築し，システム性能を評価し，また，（a）の情報共有の基礎とする．

6. おわりに

本章で検討した「構想駆動型社会システムマネジメント」は，今後，具体的に実証実験を行う予定である．その結果については，稿を改めてご報告したい．

2015 年 9 月，国連サミットは「持続可能な開発のための 2030 アジェンダ」

を採択した．ここに記載された 2016 年から 2030 年までの国際目標が持続可能な開発目標（SDGs）である．持続可能な世界を実現するための 17 のゴール・169 のターゲットから構成され，地球上の誰一人として取り残さない（No one will be left behind）ことを誓っている．SDGs は発展途上国のみならず，先進国自身が取り組むユニバーサル（普遍的）なものであるとされている．

Society 5.0 も，SDGs を基盤としつつ構成される必要がある．「構想駆動型社会システムマネジメント」は，まさに持続可能な社会開発を持続可能とするためのシステムであり，さらにそれを超えた（Beyond SDGs）価値を目指して社会システムを進化させていくことを目的としている．

謝辞

本稿は，JST 未来社会創造事業，JPMJMI17B4 の支援を受けたものである．

第**2**章

超サイバー社会の構成
―― 沼島プロジェクト

榊原 一紀・玉置 久

1. 沼島プロジェクト

　電気・ガスなどのエネルギーインフラを，地域やコミュニティ全体として効率的に運用し，省エネルギー化を目指す取り組みが，社会のさまざまな局面で検討されている．なかでも近年の特徴として，比較的小さなコミュニティ内にてエネルギーを生成・供給・消費する自律分散型方式が，太陽光発電や水素燃料，あるいは蓄電池などの新たな要素技術の発展に伴い，注目されている．これまでにも，電力供給に主眼を置くものとして，再生可能エネルギーの有効活用に向けた電力網のスマート化を背景に，太陽光エネルギーに代表される再生可能エネルギー利用の効率化技術，供給安定化のための蓄電技術，系統（電力会社）からの電力購入量削減のための融通技術など，要素技術開発ならびに実証実験が盛んに行われてきている．

　「沼島プロジェクト」はこのような背景のもと，「あわじ環境未来島構想」[1]でエネルギー自立島を目指す離島「沼島」をフィールドとして，直流給電方式をベースに固定（据置）型バッテリーおよびモバイル型バッテリー，ダイナミックプライシングを組み入れた技術の開発が行われた（図 2-1）[2]．また，これらの技術をベースに，自然エネルギーの有効活用と投資コストの抑制をバラン

スさせることが可能なエネルギー自立島構築のための実証研究が推進された．

沼島は淡路島の南東に位置し，面積は 2.71 km^2，兵庫県あわじ市に属する．人口は 473 人（2017 年 4 月末），産業は漁業中心である．環境省の平成 24 年度地球温暖化対策技術開発・実証研究事業のひとつである「離島・漁村における直流技術による自立分散エネルギーシステム技術の実証研究」において，沼島での電力消費量の 1/10 程度を供給することを想定し，実証研究を 3 年間実施した．

その際，実証研究における研究課題として，
(1) 高性能直流マイクログリッドの開発
(2) 高効率の固定型およびモバイル型バッテリーの開発
(3) ダイナミックプライシングによる電力消費抑制手法の開発
(4) 全体システムの評価・最適化手法の開発

の 4 項目を設定し，それぞれの研究課題グループが協力しつつ研究が進められた．

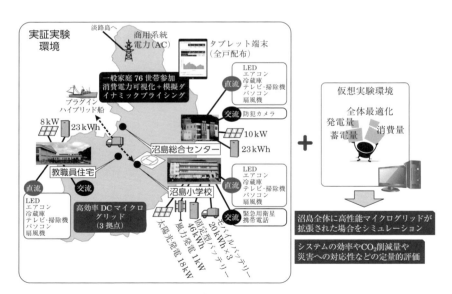

図 2-1　沼島プロジェクトの概要

本章では，沼島プロジェクトを概観するとともに，プロジェクトの特色のひとつである，システム全体の合目的性さらには最適性を陽に考慮した社会システムの設計について，沼島プロジェクトを題材に考えてみたい．

2. 実証実験：直流マイクログリッドの開発

　研究課題（1）で開発した，直流マイクログリッドの構成を図 2-2 に示す．太陽光発電および風力発電と商用系統電力を電源とし，開発した電力変換効率 96％程度の各種高効率電力変換器，太陽光発電の有効利用と災害時の電力確保のための高性能バッテリーを組み込み，直流母線を適正電圧（360 V ± 5％）に安定化する監視制御装置や，感電などから人を守る高速直流漏電遮断器を備えるものである．これに，LED 照明，エアコンなど直流・交流の負荷機器を接続した直流マイクログリッドを，島内 3 箇所に設置している．島内の電力需要傾向（オール電化契約の普及率が高いためか電力消費に昼夜の差がさほどない）を踏まえ，島全体の電力消費パターンに合わせた高負荷

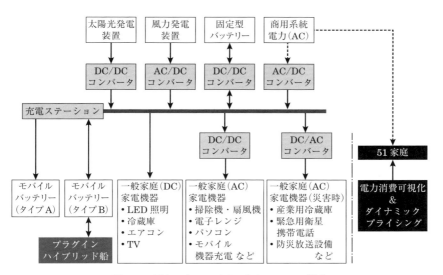

図 2-2　直流マイクログリッドシステムの構成

実験を行った結果，電力変換効率が，90％程度となることが確認されている．さらに，大容量固定型バッテリーを含めた範囲でのシステムのエネルギー利用効率（高性能直流マイクログリッドシステムへの入力電力量に対する出力電力量の比）についても調べた結果，85％以上のエネルギー利用効率が確認されている．これらの結果は，超高効率の直流エネルギーグリッドの可能性を示唆するものである．

研究課題（2）においては，余剰発電電力の充電および太陽光発電がない状況での電力供給を担う中規模高効率の固定型バッテリー（リチウムイオン電池，20~40 kWh），多目的使用のモバイル型バッテリーのマイクログリッドへの組み込みの実証が行われた．とくにモバイル型バッテリーは，その移動可能性とハイブリッド漁船への搭載により，災害時にハイブリッド漁船が非常用電源（S2G：Ship to Grid）の機能を発揮するものである．

研究課題（3）において，電力消費状況の情報提供（可視化）や自然エネルギーの発電量・蓄電量に応じた時間帯別電力価格による電力消費抑制の実証が行われた．ダイナミックプライシングを行うための協議会が設置され，50家庭にスマートメータを設置して実験が推進された．その際,情報端末(タブレット端末）による電力消費の可視化とダイナミックプライシングの総合効果により電力消費量を 10％以上削減すべく，離島・漁村に即したダイナミックプライシング制度設計を行うことを目標とし，参加 51 世帯の家庭にスマートメータを設置し，電力消費量をリアルタイムに計測する仕組みが構築されている．

構築したシステムの下で，以下の 2 つの実証実験が行われた．

a．電力消費状況の可視化の実証実験

タブレット端末を通じて，自身の家庭の電力消費量に，参加 51 世帯の平均電力消費量，自身の家庭の電力消費量の順位を加えた 3 種類の情報を提示する．

b．ダイナミックプライシングの実証実験

ダイナミックプライシング実験を夏季と冬季にそれぞれ 2 週間実施し

た．実験開始時に仮想的なポイントを各家庭に一律7,000ポイント配布し，実験期間中の電力消費量とポイント控除率に応じてポイントを控除し，実験終了後に残ったポイントをボーナスとして還元する．ポイント控除率は週間天気予報をもとに1日ごとに設定する．晴れが続く日は太陽光発電ポテンシャルが高いと仮定しポイント控除率を小さく，曇りまたは雨が続く日は太陽光発電ポテンシャルが低いと仮定しポイント控除率を大きくする．また，ダイナミックプライシング実験期間中の地区毎の電力消費量の昨年同時期比削減率を算出し，もっとも削減率の大きかった地区にボーナスを付与する．

これらの実証実験の結果，夏季の可視化とダイナミックプライシングによる電力消費量の削減率が，それぞれ14.0％および3.9％となった．一方，冬季においては，可視化とダイナミックプライシングによる削減率が，それぞれ-1.5％および5.6％であった．可視化の開始から一定期間が経ち，参加世帯の実験への関心が弱まっていたことも影響し，可視化による効果が負になっているものと考えられるが，ダイナミックプライシングのほうは一定の効果を示すことが確認されている．

3. 仮想実験：全体システムの評価と最適化

本プロジェクトの最終目的は，自立かつ分散した電源・系統システムのあり方の研究である．具体的には各技術要素の効率と全体システムとしての効率，マイクログリッドにおける各種機器への資源配分とバランス指標，拘束条件下での系統電力量最小化と二酸化炭素排出量削減効果の算定，複数給配電（たとえば高品質電力と低品質電力）の存在可能性と防災面での利用形態などである．

研究課題（4）では，最適化モデルやシミュレーションモデルに実証実験の結果を反映させた仮想実験が併行して進められた．具体的には，数理計画モデル，およびシミュレーションモデルを構築し，沼島全体に高性能マイク

ログリッドが拡張された場合を試算する．その際，数理計画モデルにより得られた機器の最適設置量を用いて，シミュレーションモデルにより詳細なシミュレーションを行い，システムの効率や CO_2 削減量（購入電力削減量）および災害への対応性などの定量的評価を行う[3]．

　評価にあたっては，沼島の総電力消費量の約 3 割に相当する需要家（一般家庭および沼島の主要な事業所）の消費電力を測定し，島全体の電力需要を見積もる．得られた島全体の消費電力に対して，本実証実験で用いた電力グリッドにより供給する場合（シナリオ）を想定し，その場合におけるシステム構成に求められる仕様およびコストを明らかにし，さらにはそれに伴う環境特性を定量的に評価する．シナリオの評価にあたっては，電力グリッド上の，年オーダーの期間にわたる分単位の電力エネルギー（単位：Wh）の流れを決定変数として，また電力機器性能をパラメータとして表す線形計画モデルが構築された．モデルでは，太陽光発電装置および風力発電装置の発電電力量，および（島全体の）電力機器の消費電力量が外生変数（すなわち定数）として与えられ，これらに対する最適な電力の流れ（ルーティング）を，モデルの最適解を導出することにより求める．

　解析方法として，各時刻における発電量・消費量が既知の仮定のもとで，電力利用に関する効率を最大化するような電力の 1 年分の融通量を決定する線形計画モデルの最適解を導出する．ここで得られた結果は，将来（1 週間先）の太陽光発電電力量ならびに需要電力が既知の仮定のもとでの最適制御であり，現実の制御システムの効率の上界を与えるものである．これらの上界を指標とすることにより，太陽電池，蓄電池の配置や融通方式の適切な設計が可能になると考えられる．

　最適化計算により，直流マイクログリッドが島全体に普及した場合に必要な PV 発電容量，風力発電容量および蓄電池の容量の下界値を導出できる．これより，沼島においては，風力よりも太陽光発電の導入効果が高くなることが確認されている．しかしながら，太陽光発電のみを導入すればよいわけではなく，太陽光発電と風力発電が互いに補完するような結果も確認されている．これは，再生可能エネルギーが気候変動の非定常性の影響を強く受け

るものであるためと考えられる．

4. システム学から見た沼島プロジェクト

沼島プロジェクトに代表されるような，地域コミュニティ全体にわたるシステム化を実現する場合には，要素技術の研究開発だけではなく，システム全体としての合目的性，たとえば，エリア全体・コミュニティ全体における需給システムや融通システムとしての安定性や最適性（すなわち，どの程度省エネルギー化が達成されるのか，また，逆に，それを達成するにはどのような全体構成が求められるのかといった点）をあわせて検討することが肝要となる[4]．そのためには，エネルギー需給全体を大規模システムとして捉えるだけではなく，システム内に必然的に存在する人の振る舞いやシステムを取り巻く自然・経済・社会環境との相互作用を陽にモデル化し，全体的な挙動がシステム要素の振る舞いを何らかのかたちで拘束するという，創発システム的な捉え方が重要となる[5]．これによりはじめて全体としての自律分散型エネルギーシステムの有用性の議論が可能となる．この観点は，Society 5.0 の実践や超スマート社会の実現に向けた研究開発基盤として，肝要かつ不可欠な観点である[6]．

沼島プロジェクトでは，以上の諸点に留意し，個々の技術開発内容とそれらの課題（Barriers）および取り巻く外部環境を，開発プロセス（知識基盤から技術基盤，技術統合を経る過程）との対応を考慮しながら，図 2-3 のように整理した．図に示すように，電気電子工学から心理学に至る横断的な知識基盤が技術基盤を形成し，その技術基盤が技術統合することによってシステム化を図っている．その際，統合された技術の評価として，システム工学を知識基盤とする仮想実験を実証実験と同時に進めている点に沼島プロジェクトの特徴がある．サイバー空間（情報空間）に構築された仮想とフィジカル空間における実証を同時に進行し，結果を共有することによって評価を行っている点が，CPS（Cyber-Physical Systems）の枠組みで捉える場合においても重要なポイントである．

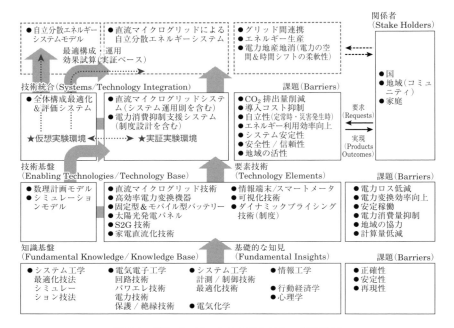

図 2-3 沼島プロジェクトの成り立ち・外部環境

　より一般に，自律分散エネルギーシステムの運用面を考える場合，複雑・大規模かつ不確実な実世界をすべて計算する（サイバー世界で扱う）ことができないため，特定の観点から実世界を投影した物理モデル（対象モデル）を介してサイバー空間とフィジカル空間を接続する枠組みが必須である．ここで，CPSでは忠実に実世界を捉えるのではなく，目的に照らして対象モデルを構築することが重要となる．またその際，随時拡張・収縮される実世界に柔軟に追随するために，サイバー層とフィジカル層の界面を柔軟かつ適切に設計しなくてはならないと考えられる（図2-4）．

　このようなシステムのモデル化や設計・評価の技法について見ると，ビッグデータに代表されるデータ管理・処理技術や統計数理をベースとする機械学習技術などの進展によって，たとえば天候や人間の生活行動に関わる効果的な予測モデルの開発が可能となってきている．これらの情報・計算科学技

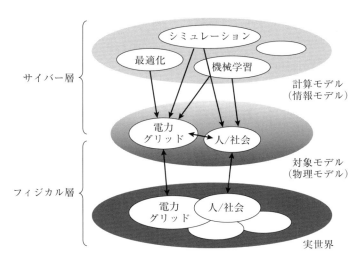

図 2-4　Cyber-Physical Systems

術を活用しつつ，数理モデリングやエージェント・シミュレーション，最適化技法などのシステム科学技術を有効に組み合わせることによって新たなシステム設計・評価のための方法論・技法の実現可能性が高まっている．

5. 沼島プロジェクトの今後

電気や熱のエネルギーを活用する自律分散エネルギーシステムを実現するための設計と運用の協調デザインの方法を開発するにあたって，今後，(1) Cyber- Physical インタフェースの協調デザイン，および (2) 供給側と需要側の相互作用による価値創造プロセスを明確にすることがますます重要になってくると考えられる．(1) について，自律分散エネルギーシステムは実際に電気や熱を扱う実システム（フィジカル層）とそれらを制御する情報システム（サイバー層）から構成されるものである．このような CPS においては，異なる種類の物理システムを同時に扱う必要があり，コントローラはもちろん，必要とされるセンサが多種多様となる．このとき，サイバー層

とフィジカル層を対象モデルを介して相互に作用させることで，計測データが補完・予測・抽象化され，意味のある情報としてサイバー層に取り込まれる．そして，サイバー層において，運用計画（あるいは提供するサービス）の決定などを通して，情報が補間・具現化されフィジカル層に反映される．以上を達成するには，サイバー層とフィジカル層とのインタフェースの合目的的かつ協調的なデザインが必要となり，そのために最近の機械学習技術の成果を援用することなども考えられる．

　一方，(2) では，エネルギー提供者と受益者間の階層構造を陽に記述した System of Systems Approach（SoSA）を取り入れながら，それと同時に，フィジカルおよびサイバーの各階層において物理的なモノの流れと情報の流れ（およびそれに基づく意思決定）を分離した物理－情報モデルを導入することが考えられる．これによって，地域レベルのコミュニティのスケーラビリティを確保しながら，あわせて種々の人の意思決定が記述可能になると考えられる．このように，意思決定までが陽に記述されてはじめて，全体最適化が可能となるわけである．

　最後に，主に電力を対象とした自律分散エネルギーシステムに関しては，欧州や米国をはじめ，我が国においても活発に研究が行われてきている．とくに，CPS の枠組みでエネルギーシステムを捉えるというスタンスでの研究開発がこれまでにも盛んに進められているが，もっぱらサイバー層での情報処理や意思決定方式，あるいはフィジカル層での高効率変換機器などの要素技術開発に焦点が当てられているケースが多い．今後は，フィジカル層とサイバー層の界面でのセンシングとコントロールの協調やフィジカル層での住民・コミュニティにおける価値創造モデルをベースに，システム情報的な観点から全体最適化の方法論の確立などが所望されるところではなかろうか．

第3章

地域の"情報場"をめぐる
コミュニティ構想に向けて

河又 貴洋

1. はじめに——Society 5.0 への視座

　科学技術の発達，とりわけ情報通信技術の展開は，サイバー空間を創出し，フィジカル空間（現実空間）を補完・代替しながら融合し拡張した社会空間をもたらしている．一方で，社会的課題は現実空間のもとに現存し，サイバー空間がその解決の糸口を提供する可能性を秘めながらも攪乱項として社会空間を不安定化させる要因になっている．具体的には，われわれは少子高齢化の進展のなか，格差が拡大し，サイバー空間においては意見の対立・分断構造が懸念されている．このような現実を踏まえながら，「超スマート社会（Society 5.0）」なる構想の実現はいかに図られるものであろうか．IoT（Internet of Things）／ビッグデータ（Big Data）／人工知能（Artificial Intelligence：AI）といった情報通信技術（ICT）の導入が注目されるところで，その受容側である社会がいかに技術を形成することになるのか．

　本章では，地域をめぐる現代日本の抱える社会経済的問題に着目し，上記先端の ICT の「社会形成」（social shaping）について考察し，課題先進国[1]としての日本が直面する技術課題の問題点について議論するにあたり，「場所性」（「没場所性」（placelessness）の反語としての）と「地域性」（locality）

の観点を提示する．それは，われわれが情報をいかに掌握し，人と人との関係性を構築していくかの基盤を与えることでもある．

2. 情報と場所性——「地域性」（Locality）

情報技術の発達は，対象の情報化（データ化）をもたらし，通信技術と相まってデータの相互関連づけ（コンテキスト化）がなされて，取捨選択のフレーミング（枠組み設定）に沿って重みづけられた基準をもってその優劣が測られて（情報化），可視化から理解や判断を促す材料（知識化）を提供してきている．しかし，この情報のプロセスはその主体たる人（ヒト）の存在を無視しては成立しない．そこでは，人（ヒト）は情報の媒介者であるとともに情報に意味を与える主体である．そして，人（ヒト）は生物学的存在として，種を紡ぎ，家族を形成し，組織を構成するとともに，地域という場を共有，共存して社会を形成している．社会の枠組みは制度やイシュー選択の捉え方で，伸縮可能であり，情報通信技術は地域という場を超えて共感（あるいは対立）領域を拡大（ないし縮小）させる増幅装置として機能する．

さて，それでは情報はどのような文脈において生成されるのであろうか．ここで，カーリー・キャスリーン（K. M. Carley）の「情報の生態学」に倣って「場所性」の問題を考えてみたい[1]．表 3-1 は情報と人，組織をめぐる情報の文脈性を示したものに「場所性」を加えたものである．

社会的な関係は「誰が誰を知っているか」によって規定され，「誰が何を知っているか」が社会的な関係をも形成する要因となりうる．また，人は何らかの組織に所属し，そのこと自体がその人物のステイタスをも表象することにもなる．加えて，どのような地域に居住するかによって地域的関係（地縁）が築かれる．

情報が情報との連携を持ちうるのは，今日注目されているビッグデータや協調フィルタリングの技術のように，データ間の相関関係によって導かれる領域である．そして，情報は組織内部に共有（対外的には競争上の「戦略」）資源として創造・秘匿・継承されてもいる．さらに，地域は，そこに累積・

表3-1 「情報の生態学」における '場所'[2]

	人々	情報	組織	'場所'
人々	社会的ネットワーク:「誰が誰を知っているか」	知識ネットワーク:「誰が何を知っているか」	仕事のネットワーク:「誰がどこで働いているか」	地域内ネットワーク:「誰がどの地域コミュニティにいるか」
情報		情報ネットワーク:「何が何を知らせるか」	競争能力ネットワーク:「何がどこにあるか」	地域情報ネットワーク:「そこはどこであるのか」
組織			組織間ネットワーク:「連携・提携」	地域組織ネットワーク:「地域クラスター」
'場所'				地域間ネットワーク:「地域間連携・協力」

堆積されてきた情報としての文化・伝統を有する場所として存在している.

　組織は他の組織との関係のなかで，情報を交換・共有することもあり，組織が拠点とする地域には，組織を超えるコミュニティが形成され，産業上のクラスターを構成するものにもなる．また，地域間の連携は共有する伝統文化上の関係のみならず，文化的相補性によって関係づけられる異文化交流を通じて，文化的変容ないし文化的混淆がなされるかもしれない.

　このように「情報の生態学」の基軸を与えてみると，交通と通信の技術革新は，場所という時空間における制約条件を緩和し，人と物の移動（トラベル）と情報の伝達・共有（コミュニケーション）の範囲を拡大してきたといえよう（この点については[2][3]を参照）．しかしながら，われわれは完全に身体性と場所性（物理的存在）の制約を克服したわけではなく，その身体と場所を基軸とした拡張性を得たにすぎない．そして，生物学的存在としてはこの拡張された環境状況において自己を規定し，適応能力を高めるか，環境を制御して適応していかなければならない.

　情報環境の拡張（収縮）性を帰属意識の観点から捉えれば，堂目卓生が示すように，個人（自分）は家庭（家族）→組織／地域（友人・同僚／隣人）→国〜地域（同胞）→世界〜グローバル（外国人）→ユニバーサル（地球人）へと，共感や愛着の範囲を情報環境（とりわけ，ネット空間の拡大）によって認識できるようにもなってきている[3]．ここで，着目すべきは主体の置か

れた「場所性」ないし「地域性」である．「場所性」はある地点の相対的位置づけに関わる空間概念であるが，「地域性」はその空間が有する固有性（indigenousness）を加味した概念である．この「地域性」を考えるとき，そこに内在する人（ヒト）の存在を無視することはできない．なぜなら，ここでの固有性とは伝統として引き継がれた文化——人びとの営み（生活習慣や慣習（しきたり），風習（ならわし）を含む）——にほかならず，価値の共通基盤でありうるからである．

したがって，交通と情報通信技術の発達は時空間の制約を低減させながらも，地域という生活圏の基盤を基軸に「超スマート社会」（Society 5.0）を構想していく必要がある．そこで育まれる人間関係は図 3-1 のように，当該地域に対する単なる「傍観者」（bystanders）からその地に赴くことで「訪問者」（visitors）となり，再三訪れることで「再訪者」（repeaters）に，地域との交流を通じて地域に対する「支援者」（supporters）となり，さらにはより強固な関係性を持つ者である「協力者」（partners）に，なかにはそ

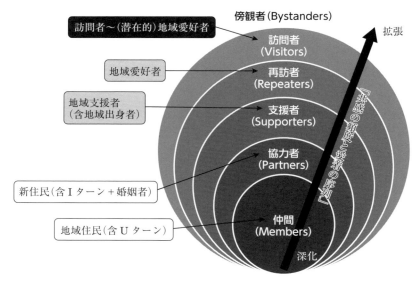

図 3-1 「共感の頻度と愛着の序列」と"情報場"の拡張[4]

の地域に定住する「仲間」（members）となる者も現れるかもしれない．このような人的交流を通じた「連携人口」（地域出身者を軸にその知人を含め，単に関係を持つにとどまらず，参与する人口）が地域の存続と活性化を促すことになろう[5]．その意味においてサイバー空間はコミュニティの拡張性とコミュニケーションの頻繁性を助長するものとなりうる．

3. 都市と地方の相剋／相補性

『地方消滅』が示唆するまなざしとは

増田寛也らによる『地方消滅——東京一極集中が招く人口急減』[4]が衝撃をもって受け止められたのは，そのタイトルとともに「全国市区町村別の将来推計人口」のリストで2040年に人口が半減する行政地域が示されたことにあった[6]．そして，人口減少の道程を「極点社会の到来」として描き，東京への一極集中に対して地方圏からの人口流出を食い止める防衛・反転線を構築すべく，地方中核都市にアンカー（錨）機能を持たせる提案がなされている．

ここでの「防衛・反転線の構築」の概念は，山間居住地を頂点とする三角形を上部から，集落—町村中心部—市中心部—県庁所在地—地方中核都市とし，そして最下部に三大都市圏，その底辺部に東京圏が表現され，人口の流出入が川上から川下へ（過疎地から過密な都市部へ）の自然な流れであるかのごとく表されているが,果たして現実はそのように解されうるであろうか．そして，この図は地方中核都市が人口流出を食い止めるダム機能を果たすべく表現形式となっている．

しかし，現実は地域の社会経済圏に視点を置けば地域は重層的に拡大され，この図を反転させたところにあるのではなかろうか．具体的に図3-2のように長崎県の新上五島町を例に挙げれば，五島列島圏の一部をなす新上五島町は佐世保（県北）圏と長崎（県南）圏との密接な関係性のなかに旧4町を母体とする独自の文化社会地域を有し，福岡との航路もあり九州北西圏に属する．そして，九州圏を超える関西／中部／関東／日本海域圏にも人材を輩

出するとともに，東アジア（韓国・中国）圏とも歴史的に重要な拠点をなしていた．しかしながら，今日人口減少がもっとも著しい地域のひとつとしてリストアップされ，人口減少は喫緊の課題となっている．

　上位に都市圏があり，下位に地方都市，そして山間居住地が置かれ，都市圏の人口吸引力によって地方から人口が吸い上げられる．まさにそのようにして戦後の都市開発は地方からの人材を吸引し，巨大かつ過密なエリアを造成してきた．

　しかしながら，過密な人口集積は世代にわたって堆積し，都市圏の超過密化をもたらしたがゆえに，人口減少社会におけるさまざまな症状（待機児童問題など）を併発することになった．ここで，人口の堆積化とは高度経済成長期に首都圏に移住した世代が定住化し，首都圏出身の次なる世代が前世代の居住地を引き継ぐようになり，新たに地方から都市部へ移住しようにもその領域は限定されざるを得なくなり，過密化が増長されることを意味する．

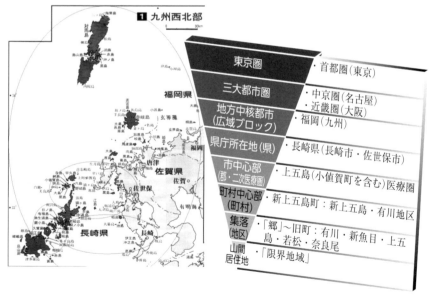

図 3-2　地域の社会経済圏と「防衛・反転線の構築」の反転[7]

また，人口の堆積化は都市における多様な背景を有する住民の均質化をもたらすことにもなる．都市が都市たるゆえんは，都市居住者の流動性と多様性が寛容をもって保証されながら，創造性を育む基盤を持つところにある．それには多様な固有性を有する地方との不断の循環・流動性を担保することが必要であり，地方なくして都市は存在できない．「防衛・反転線の構築」の反転図（図 3-2）は，人口減少社会におけるその不安定な状況を示すものであり，防衛・反転線は都市部の存続自体をも危うくすることにほかならない．

「極点社会」は均質化された人（ヒト）の集積から堆積地になりかねない．それよりも広域における人口動態の流動性について地方を基点に考えていく必要がある．多様な人財（単に労働力としての人材ではなく，地域における財産としての人財）の移動（モビリティ）と地域の寛容性（多様性の容認）が地域の魅力を引き出しうるのである．その意味において，地方にあっては自律（自立）性の確保が重要である．都市圏への依存度を高めることは，従属的な関係に終始し，都市圏への人口流出を加速させることになろう．この観点から地方は地域独自の「資本」を活用した開発が求められる．

「ひと・まち・しごと」の源泉である「資本」から "情報場" へ

「資本」とはそこから何かを引き出すものになるものであり，一般的には経済活動の根源になる金銭や物品などを表す言葉であるが，そこから多様な概念が開発されてきた．

通常，「資本」といえば，経済的資本，すなわち金融資本（Financial Capital）のことであり，資本主義経済においては銀行資本と産業資本が一体化した資本のことを意味する[5]が，そのほかにも人的資本（Human Capital）や文化資本（Cultural Capital），そして近年関心が持たれている社会的資本（Social Capital），さらに忘れてはならない自然資本（Natural Capital）がある[8]．

人的資本は，人間に投資された資本であり，学校教育や職場訓練のために投下されたものとして捉えられる[6]．文化資本は，個人の言葉遣い，振る舞いや学歴や資格などのほかに，所有する本，絵画，辞典，道具などを含み，

文化資本の獲得には経済資本が前提とされ，社会階層の再生産とともに議論されてきた概念である[7]．また，文化資本を，経済的価値に加え，文化的価値を具体化し，蓄積し，供給する資産とする考え方もある[8]．そこにはより経済学的な観念としての有形・無形の資産的捉え方があり，有形な文化資本は建物やさまざまな規模・単位の土地，絵画や彫刻のような芸術作品，工芸品などの形で成立し，無形な文化資本は集団によって共有されている観念や慣習，信念や価値といった形式をとる知的資本として成立するものである．

　そして，社会的資本は人びとが相互に築く「関係」に内在する力であり，災害時およびその後の復興にも注目された「地域力」の源泉でもあり，メディアの発達に伴いネット空間にも形成されうる資本である[9]．ただし，この社会的関係は，概して近隣のなかでの住民活動への関わりとして，全般的な互酬性や隣人に対する高い信頼，互いに重なり合う会話グループの形成，そして旧来の社会的な分離を架橋する結束といった近しさと交感という「強い紐帯」と捉えられる[10][11]．一方で，現実空間と仮想空間における移動が可能にしている実際の社会諸関係と潜在的な社会諸関係を，「弱い紐帯」を包摂するネットワーク資本（Network Capital）として峻別する考え方もある[3]．このネットワーク資本は，寛容で多様性のあるコミュニティや人間関係における「構造的空隙」といった「弱い紐帯」の強さを含意するものである [9]．

　加えて，自然資本は資源，生命システム，生態系サービスから成り立つもので，山・森林・海・川・大気・土壌など自然を形成する要素や生態系を構成する生物を含み，広義では生物圏すべてを指す[12]．

　これらの資本は，2014 年に政府が掲げた「地域創生」の「ひと・まち・しごと」にも還元されうるものである（図 3-3 参照）．そのうえさらに，私たちが住まう広義の社会システムは，これらの資本によって機能しうるサブシステム——職場やショッピングセンターのような生産と消費に関わるビジネスシステムは金融資本に，大学や専門学校といった教育システムは人的資本に，友人・隣人とのネットワークといった狭義の社会システムは社会的資

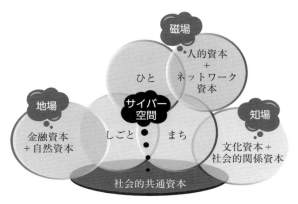

図 3-3 「ひと・まち・しごと」の源泉である「資本」と「場」

本に——によって構成されるものである．なお，文化資本は社会システムの基底をなすものであり，世代間に引き継がれる（再生産される）可能性がある一方で，金融資本や人的資本の形成・損失によって転移されることもありうる．他方で，インターネットや高速道路のような社会的インフラは技術システムや司法や行政といった制度上のシステムも広義の社会システムを構成するサブシステムでもある．よって，サイバー空間は社会的共通資本の通信インフラに支えられて，地域固有資本の関係性を紡ぐ新たなコア空間を形成していると捉えることもできる．

ここで改めて「場所性」および「地域性」を考えてみれば，社会・文化資本の形成による知識の伝承・創造の場としての「知場」（まち），地域の自然・産業資本を活かす場としての「地場」（しごと）および人びとの移動性と情報通信ネットワークの拡張・高度化による人的資本とネットワーク資本形成がもたらす人的連結性の「磁力」が発生する場となる「磁場」（ひと）が，その地域の固有性，ひいてはアイデンティティの確立をもたらすものと捉えることができる．

換言すれば，その地域に根づく伝統としての知識は文化資本と社会資本が「知場」を醸成し，その地盤となる自然資本と生活圏を支える金融資本が「地場」となり，人的資本および社会資本，自然資本ならびに文化資本が地域の

アイデンティティ確立のなかで地域の自立と魅力を自他共に認識することにより地域を越えた連携の「磁力」の発生する「磁場」が強化される．そして，これらの場が複合的に構築されて共感を呼ぶところの「情に報いる」"情報場"が創造されることになる．

　長崎県の五島列島に位置する新上五島町を例に挙げれば，西海国立公園に指定される海洋資源や椿の群生地としての森林資源（自然資本）に恵まれた国境離島は，漁業を基幹産業に独自の食文化を育み（魚介類のみならず，五島うどんやかんころ餅といった特産品を持つ），キリスト教徒と仏教徒が共存しながら，神楽の伝統文化を集落ごとに継承している（文化資本）．一方で，昨今の漁獲量の減少で人口の流出が甚だしく，人口減少対策が焦眉の問題となっているが，このことは島外に地元出身者を輩出していることを意味するものである．これらの人的資本を活かして，島外者をも巻き込んだネットワーク資本を形成することによって，ＩターンやＵターンを含む移住者を呼び込むとともに，金融資本の地域蓄積をもって第１次産業から第２次産業，さらに第３次産業（観光業を含む）のクラスター集積（第６次産業化）を促すことが急務である．そのためにもサイバー空間にフィジカルな現実空間（固有の地）に支えられ物流や人流を促す共有地としての情報場を整備することが重要である．たとえば観光利用に限定された地域通貨「しまとく通貨」を島民の生活にも拡張・浸透させていくことで地域経済の自立性（社会的資本に裏打ちされた）をもたらすかもしれない．

　しかるに，地域における「ひと・まち・しごと」は，ここに挙げた資本を活かして地域社会の"情報場"を地域システムの基盤に据え，自律（自立）性を高めるための資本の域内循環を核に，域外を含めた広域循環のシステムとの複合化を図ることが求められる．そして，その前提に自然資本を据え，文化資本によって共生できるメカニズムに，技術システムを組み込むことによって，価値を創出することが望まれる．間違っても，技術システムのなかに取り込まれるかのごとく，自然資本や人的資本が動員されることがあってはならない．なぜなら，それは自然を単に資源として，人（ヒト）を人材として規格化し，外生変数とすることになりかねないからである．

その意味において，今日話題のビッグデータの活用が，各地域に分散されるセンサー（その象徴がスマートフォンかもしれないが）からの情報を中央集権的に収集し，地域をコントロールするために利用されぬように，そのデータをそれぞれの地域に分散して循環させるシステムの設計が求められる．

　ただし，それは多様な地域性を前提としたものであり，中央集権的なシステムに収容される地域システムが同質（均質）的なものであれば，意味をなさない．均質的なシステムはビッグデータになったとしても，分散が小さく，平均から乖離したものは異常値として弾かれるのみであり，新たな関係性の発見に至るものではなかろう．多様性ゆえに，多様な関係が導かれ，創発が起こりうる．

「弱い紐帯の力」を活かした地域連携

　ネットワーク理論が示唆するところの「弱い紐帯の力」や「空隙理論」のように，地域には多様性を取り込むことが必要条件である[13]．強い紐帯で結ばれた社会は頑強ではあるが「同類原理（homophily）」が支配し，異質なものを排除しようとする．弱い紐帯は，異質なものも取り込む「ヘテロフィリー（heterophily）」が働き，橋渡し機能を有する者が多様性に貢献し，寛容な社会である．先の「連携人口」の提言は，社会的資本にネットワーク資本を加味し，地域を中核に拡張性を持つ関係性によって紡ぎだされるコミュニティを捉えたものであり，そこではこのような多様性の寛容を前提としている．

　しかしながら，ネットワークの原理は分断をももたらす．橋渡し機能の喪失によりネットワークは容易に分断する．とりわけ単一の尺度にとらわれた関係は，その基準のみに照らして分断しかねない．多様な判断（価値）基準に照らして，相対立するよりも共有しうる価値基準を手掛かりに相互容認の道を探ること，それはビッグデータにおける思わぬ関係性の発見につながることでもあろう．

　情報通信技術の発達に伴い，選択肢が多様化する一方で，選択の困難性を回避するためにか，ランキング（序列化）するサービスが多用されている（都

道府県のランキングや大学ランキングもしかりである）．これにより，ある指標に集約化されたもので優劣を決することになるが，それを唯一の拠り所とすることの危険性についても注意が必要である．その基準に頼ることで，その基準に合わせた戦略で優位な立場（上位）を目指すことになり同質（均質）化が進行しかねない．したがって，ランキングに関わる指標の内実を見極めるとともに，地域特性に関わる多様な価値基準（判断尺度）を照合する個々人の情報リテラシー能力を涵養し，社会的な寛容力を醸成することが肝要である．

4. まとめ——「地域・場所性」とコミュニティ

　自然界および生物界に目を転じれば，物理化学の法則に準じながらも，循環と多様性を持って再生を繰り返しながら動的平衡が各個体および各種において保たれている．それは，均一化と過密における過当競争・代替関係を回避し，多様性を活かして共生・補完関係を活かせるよう「協調」する社会設計が望まれるところである[10]．都市と地方の補完的協調関係を促し，人口移動の循環性も保証しうる社会システムの構築に向け，多様性の基点たる「場所性」および「地域性」からのまなざしの重要性を確認する必要があろう[14]．そして，その視座を知識の伝承・創造の場としての「知場」（文化資本＋社会資本），地域の自然・産業資本を活かす場としての「地場」（自然資本＋金融資本）および人びとの関係性をIoTやAI，そしてビッグデータを活用しながら形成する「磁力」の発生源となる「磁場」（人的資本＋ネットワーク資本）に置き，これらの「場」を複合化する"情報場"のなかに「連携人口」となるコミュニティを基盤とする「超スマート社会」（Society 5.0）の構想を打ち立てる必要がある．

第4章

映像アーカイブの活用による
地域コミュニティの文化的再生

北村 順生

1. 「Society 5.0」と地域コミュニティの再生

2016年1月に，総合科学技術・イノベーション会議（CSTI）が策定した第5期科学技術基本計画が閣議決定された．この計画のなかでうたわれているのが，サイバー空間とフィジカル空間（現実社会）とが高度に融合した「超スマート社会」の実現に向けた一連の取り組みであり，これまでに人類が経験してきた狩猟社会，農耕社会，工業社会，情報社会に続く新たな社会変革を科学技術イノベーションが先導していくという意味で，「Society 5.0」と名づけられている．このビジョンにおいては，ネットワークやIoTの有効活用がさまざまな分野へと広がっていき，経済成長や健康長寿社会の形成，さらには社会変革にまでつなげていくことが目論まれている[1]．

その一方で，中山間地を中心とした地域社会の現実に目を向けると，過疎化や高齢化が急速に進展しつつある．住民の過半数を高齢者が占める「限界集落」や，若年女性層の減少により将来的に消滅の危機に瀕している自治体が多数存在することなどが，具体的なデータをもとに指摘されている[2]．

こうした地域コミュニティの危機に対する方策として，住民たちの経済的な生活基盤を支える仕事や生業の確保が最大の課題であることはいうまでも

ない．しかしながら，新旧の住民たちが地域に強い魅力を感じ，人と人とのつながりのなかで地域に愛着を持って生活をしていくためには，産業的・経済的な条件に加えて，地域の文化的な再生も重要となってくる．地域において，文化は生活環境に欠かせない要素であり，観光と結びついた所得の源，さらに財やサービスを作るための創造性の梃子でもある．文化が一連の創造的な事業の基礎となってその地域に結集することで，よりいっそうの発展を可能にするものとなるからだ[3]．

　こうした観点から改めて第5期科学技術基本計画を見直してみると，来るべき「Society 5.0」の特徴としてICTを中心とした科学技術の発展がもたらす産業的・経済的な側面，あるいは生活の物質的利便性の側面が強調されており，その基底にある文化的側面への関心は相対的に弱いといわざるを得ない．そこで本章では，ICTやネットワークを幅広く活用していく「Society 5.0」の一例として，地域コミュニティの文化的再生がどのように可能となるのかについて検討してみたい．とりわけ，写真やフィルムなどの地域社会に残された映像資料を，デジタル技術を活用した映像アーカイブとして保存，活用していく活動について見ていく．そして，このようなデジタル映像アーカイブの活用が，地域コミュニティの再生と結びつく可能性について，具体的な実践事例を踏まえながら考察していくことにする．

2. 映像アーカイブと地域社会

デジタルアーカイブをめぐる多様な流れ

　現在，デジタル技術の飛躍的な発展を背景として，文化資源のデジタルアーカイブ化が注目を集めている．もともと英語でアーカイブとは公文書やその保管場所である文書館を指すものであり，アナログの紙に記された情報の保存を行うものであった．しかしデジタル技術によって紙以外の情報，たとえば写真や絵画，音声，造形物，人やモノの動きなども一元的に処理し，アーカイブ化することができるようになった．現在では，各地の文化資源をデジタルアーカイブとして保存・整理し，外部に発信していくための実践と研究

が進んでいる．とりわけ，国内や海外におけるデジタルアーカイブの現状や実践例の紹介，あるいは技術的，法的，経済的な課題の検討や政策的な提言なども行われてきている[4][5]．

このようなデジタルアーカイブをめぐる現在の潮流は，その担い手の立場や対象とする文化資源の種類などの点で，多様な背景や目的を持った流れが混在しつつ展開している．その1つ目は従来よりアナログによる文化資源を収集・集積してきた組織や団体が，それらの文化資源のデジタルデータへの変換を行おうとするものだ．公文書館や図書館，博物館，美術館，資料館などのアナログの紙やモノなどを収集してきた施設がこれにあたる．このなかには，放送，新聞，出版，写真などの各種メディア関連の企業や団体が，過去のメディアコンテンツをデジタルアーカイブとして集積していくものも含まれる．これらの組織は，それぞれが収集・管理してきた事物をデジタルデータに変換することで，ネット上での発信など自らの役割や利便性を拡大していこうとする目的を持っている．

デジタルアーカイブの2つ目の流れは，物理的なモノ自体の集積は自ら行わずに，アナログから変換されたデジタルデータのみを管理，集積してアーカイブ化していく形態である．デジタル化の対象となるオリジナルのモノ自体は各地に遍在しており，いわばデジタル形式のヴァーチャルなアーカイブが形成されることになる．地域において形成される比較的小規模なデジタルアーカイブのなかには，この種のものが多い．物理的なモノである文化資源を保存・管理していくためには，施設や設備面で大きなコストが必要となるのに対して，デジタルデータ自体の管理や保存は相対的に安価に行うことができるためである．

3番目のデジタルアーカイブは，アナログのモノに由来しない，当初からデジタルの制作物として作成された対象をアーカイブしていったものだ．このような「ボーンデジタル」と呼ばれる種類のアーカイブは，社会に流通するデジタルコンテンツが量の面でもジャンルの面でも急増している現在，ますます増えていくことになるであろう．なお，これらのデジタル起源のデータとして集積されるもののなかには，SNSや投稿サイト，あるいはいわゆ

るビッグデータのように，データをアーカイブする主体が必ずしも明確ではなく，半ば自動的にデータが集積されていくものも含まれる．

ナショナルアーカイブと地域アーカイブ

　前項で触れたデジタルアーカイブをめぐる3つの分類を，本章で取り扱う地域の問題との関係に沿って捉え直してみたい．つまり，ナショナルなアーカイブと地域のローカルなアーカイブとの関係の問題だ．

　まず全国規模のナショナルなアーカイブの場合，その規模の大きさと対象となるコンテンツの多さにより，全国的な組織や団体が担い手となることが多い．また，そうした組織は従来よりアナログの文化資源も収集・管理してきた場合がほとんどだ．国立博物館や国立国会図書館，国立公文書館，NHKアーカイブスなどは，美術品や本，公文書，放送番組といったそれぞれ対象とする資料について，デジタル化以前からアナログ資料を原則として網羅的に収集していくことを目的としてきた．

　こうした組織においては，デジタルアーカイブを構築する際においてもやはり網羅性を重視する．アナログの事物では，収蔵や展示においてスペースなどの物理的な制約に縛られるが，デジタルアーカイブにおいてはそれらの制約を一気に減少させる．また，デジタルデータによる検索のしやすさや多様な形態の展示の可能性など，利用者側の利便性も飛躍的に高まることが期待されている．

　一方で地域のローカルなアーカイブの場合，その目的や性格は多様だ．たとえば自治体が設立した文書館や博物館，美術館のような組織の場合は，全国規模のアーカイブの地方版といった性格が強く，エリアの範囲を除けばその目的や性格には共通する部分が多い．こうした組織においては，実際にアナログの資料を所蔵し，その地域内での網羅性も重視される．

　ところがローカルなデジタルアーカイブのなかには，モノ自体の収集は行わずにデジタルデータのみの集積を行っているものや，それ自体では収集・保存が不可能な地域の伝統行事や芸能，生活文化などをデジタルの映像や音声などの形で記録してアーカイブするようなものも数多い．こうしたアーカ

イブの担い手としては，地域の博物館や美術館，図書館などの組織が恒常的な活動として行う場合のほかに，自治体や商工会議所，文化団体，あるいはNPO などが中心となって，多くは一時的なプロジェクトとしてデジタルアーカイブの構築を行っているケースもある．石川県や長野県上田市の事例などに見られるように，伝統産業の支援や地域アイデンティティの促進を目的とした地域振興策の一環としてこれらのアーカイブは位置づけることができる[6]．

　もうひとつの地域アーカイブのパターンとして，特定の個人や家族，企業などに残されたコレクションに由来するものが存在する．個人的な趣味や特定の集団の目的に応じて収集されたこれらのコレクションは，網羅性よりはそのコレクション独自の目的や経緯に応じて収集されたという特徴を持つ．多くの場合は，コレクターの居住した地域とコレクションとの関係も深く，とりわけ映像を対象としたアーカイブでは，映像の対象や被写体が地域の人びとや風景，出来事などを扱っているものも多い．その意味では，このようなデジタルアーカイブはまさに地域と結びついた存在であるといえる．

3. 地域のデジタル映像アーカイブの事例

にいがた地域映像アーカイブの概要

　本章で地域のデジタル映像アーカイブの具体的事例として取り扱うのは，新潟大学地域映像アーカイブ研究センター（代表：原田健一）が構築している「にいがた地域映像アーカイブ」である．このアーカイブは，2008 年度より新潟大学人文学部のメンバーにより進められてきたが，主に新潟県内の旧家や写真館，学校，施設などに残されてきた写真や映画フィルム，ビデオ，絵葉書などの映像資料を発掘，整理，デジタル化している活動である．

　同アーカイブでは，所蔵者より提供された映像資料のデジタル化を行うが，オリジナル資料は所蔵者に返還しており，アナログであるモノ自体の所蔵は行っていない．これらのデジタルデータのデータベース化を進め，2012 年春からは学内および教育研究目的に限定したかたちで試験的に公開，運用を

図 4-1　今成家コレクション
(にいがた地域映像アーカイブデータベース所蔵[7])

図 4-2　中俣正義コレクション
(にいがた地域映像アーカイブデータベース所蔵[7])

行っている．その公開点数は随時拡大しているが，2013 年 3 月末時点で写真約 30,000 点，動画約 300 本以上を超えている．そのなかには，幕末期から明治初年代に南魚沼市六日町の旧家・今成家で撮影された湿版写真（図 4-1）や，1919 年の加茂市青海神社の祭礼を撮影した 35 mm 動画フィルム，あるいは戦後 1950-60 年代の県内各地の風景を撮影した写真家・中俣正義氏の写真などが含まれている（図 4-2）．

ナショナル／コミュナル／プライベートな映像空間

　にいがた地域映像アーカイブのような地域の映像アーカイブは，映像アーカイブ全体のなかではどのように位置づけられるのであろうか．この点に関して，既存の映像アーカイブを 3 つの層に分類できるとする指摘がある[8]．最初の「包括的な社会組織が構築するアーカイブ」は，その担い手が「明示的な社会的システム—たとえば既存の国家的機関，メディアや全国的ネットワークをもった公共機関」とされる．前節で挙げた NHK アーカイブスのような，ナショナルなアーカイブがこれに当てはまるであろう．一方で，「個人によるインディペンデントなアーカイブ」については，「制作者およびデジタル録画が可能となった個人的視聴環境＝保存環境をベースとした映像コレクション」とある．その代表的なものとしては，子どもの成長の記録を収めた家族写真のアルバムやホームムービーなどが挙げられる．カメラやビデ

オの普及により，こうしたプライベートな映像は各家庭で膨大な分量が作られている．しかし，プライベートな映像は通常は家族やごく親しい人たちの間でのみ共有される映像であり，その外の空間にまで広がっていく機会は少ない．そして，両者の間に存在する「中間組織的アーカイブ」については，「地域的あるいは特定の主題をもった組織；自治体，地方放送局，図書館・博物館，大学，NPO や映像祭などの顕彰組織等々による」と説明されている．いわばナショナルな領域とプライベートな領域とをつなぐ，まさに中間的な領域としてコミュナルな地域の映像空間として捉えられるものである．

　注意が必要なのは，こうしたコミュナルな映像空間を形成する映像は，当初から地域に残すことを意識して撮影された映像であるとはかぎらないことだ．たとえば，撮影当時は家族内で楽しむ目的で撮影されたきわめてプライベートな写真であっても，数十年の時間を経た後で，地域の懐かしい風景や出来事を記録した貴重な共有財産として捉えられる場合がある．反対に，もともとは地域の出来事をナショナルな視点から取り上げたテレビのドキュメンタリー番組が，時代の流れのなかで当初に設定していた主題や問題意識が後景化し，時代を経てそこに映し出された地域の生活や人びとの暮らしの方が前景化して重要になることがある．これらの映像は，プライベートな映像やナショナルな映像からコミュナルな映像へと当初の文脈からの位置づけを変え，地域の共有財産へと変化してきたといえる．

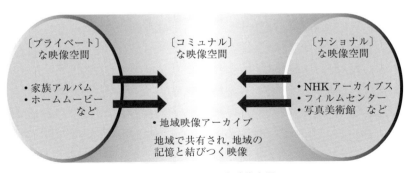

図 4-3　コミュナルな映像空間

3．地域のデジタル映像アーカイブの事例　49

これまで見てきたように，われわれを取り巻く映像空間がナショナルな空間とプライベートな空間へと二極化していくなかで，その中間をつないでいくような，地域コミュニティで共有され，地域の記憶と結びついていくようなコミュナルな映像空間として，地域の映像アーカイブは捉えることができる（図4-3）．このような地域社会で共有されるべき映像空間を形作る地域の映像アーカイブは，地域コミュニティの再生に向けてどのように活用していくことが可能であろうか．次節では，地域のデジタル映像アーカイブの活用に向けたワークショップ事例について見ていく．

4. 映像アーカイブの活用事例

映像アーカイブの構築から活用へ

現在，数多くの地域で映像アーカイブの構築が進んでいるが，そこで収集された過去の映像資料をどのように活用していくのかという点について，さまざまな試行錯誤が行われつつある．

映像アーカイブの活用として，もっとも早くから進められてきたのが学術的な調査研究の素材としての使用である．従来は視聴することが難しかった過去の映像資料が，デジタルアーカイブとしてまとまった形で容易にアクセスできるようになり，メディア論や映像研究などの諸分野でさまざまな観点からの研究が進められている．その一例として NHK アーカイブスでは，「学術利用トライアル」と呼ばれる，一般には未公開のアーカイブ映像を調査研究材料として活用する研究プロジェクトが定期的に公募されている[9]．

しかし，このような学術研究目的でのアーカイブの活用においては，恩恵を受けるのは一部の研究者にとどまる．より幅広く一般的にアーカイブ映像を活用していくような方法が求められており，にいがた地域映像アーカイブではこうした試みとして 2 種類の活用実践を行ってきた．ひとつは学校の授業のなかで，教育教材として映像アーカイブを活用していくものである．本稿では映像アーカイブの教育活用について詳しくは触れないが，単に教材として有効であるだけではなく，授業そのもののあり方にも影響を与える可能

50　第 4 章　映像アーカイブの活用による地域コミュニティの文化的再生

性があることも示唆されている[10][11]. もうひとつの映像アーカイブの活用方法が，以下で検討するような，地域住民向けのワークショップ実践を通じて地域のあり方を再認識し，広義の街づくりと結びつくようなものである.

地域住民向けワークショップ実践の概要

にいがた地域映像アーカイブでは，構築したデジタルアーカイブを地域社会に還元していくために，収集した映像を用いた展覧会や上映会を頻繁に開催してきた．住民たちにとって，自らが歩んできた地域の様子を刻んだ懐かしい写真や映画は，集団的な記憶を強く刺激する．そのため，展覧会や上映会の会場では，視聴した映像により記憶を喚起された来場者たちの言葉がとめどなく溢れ出し，半ば興奮した語り合いの状況が生まれることも珍しくない．こうした映像資料と地域住民の状況を背景にして生まれたのが，地域住民向けワークショップである．

地域住民向けワークショップ実践においては，公民館などの施設を会場に，その地域に関わりのある映像，とりわけ参加住民の子ども時代や青春期の映像を選び出して共同で視聴し，その写真や映画について参加者が相互に語り合う．そのような語り合いは，かつての地域の風景やそこでの暮らしのありよう，あるいは人びとが抱いていた未来に対する希望などを想い起こさせる．このように地域の過去を再認識することは，地域の現在そして未来の姿を構想していく前提であり契機となりうる．このように，地域住民向けワークショップの目的には，未来に向けた新たなコミュニティデザインを促進するためにデジタル映像アーカイブを活用していこうという意図がある.

さらにこのワークショップ実践には，高齢化社会への対応という目的もある．増加する高齢者たちが地域社会とのつながりをどのように保っていけるのかは大きな課題となりつつあるが，地域社会の過去と未来について映像を共同で視ながら語り合うような場を設定することは，高齢者の社会参加の一つのあり方を探ることになる.

このような観点のもと，にいがた地域映像アーカイブの映像資料を用いた地域住民向けワークショップ実践は，2014 年 8 月に十日町情報館，2015 年

図 4-4 ワークショップ実践の風景

7月には新潟市西蒲区の高齢者向け施設・こころはす西蒲，2015年8月には福島県金山町の金山町自然教育村会館で実施された．次節では，それらの複数の実践から得られたいくつかの知見についてまとめてみたい．

5. 映像アーカイブ実践の可能性

地域の記憶を呼び起こす契機としての映像

すでに触れた点であるが，一連のワークショップ実践を通じて，数多くの参加者たちが映像を共に視聴しながら，映像に写された風景やその時代の様子について盛んに語り合う状況が出現した．このような映像を共に視聴することで溢れ出る語りは，言葉による論理的な記憶の喚起とは異なり，映像メディアが特性として持つ情緒的・直感的な次元での記憶が刺激されたのだといえよう．

このような体験は，家庭に残された映像を集団で視聴する場作りの実践を続ける「ホームムービーの日」[12][13]や，自らの経験を他者との語り合いを通じて短編映像の形へと紡いでいく活動である「デジタル・ストーリーテリング」の実践[14]などとも共通するものである．映像を通じて他者と共有可能な体験や出来事，感情を確認し，語り合いのなかでそれらの共感する感覚を深めていくことは，映像アーカイブを地域文化の再生に活用していく際のキーとなる重要なプロセスとなる．

たとえば十日町市はかつて日本有数の織物の産地として栄えた地域であるが，織物産業と関連した大量の映像を視聴することで，自分たちの住む地域の華やかな歴史を再確認・再発見すると同時に，そうした地域の産業が参加者個々の生活や暮らしとどのように結びついていたのかをお互いに語り合うなかで，自分たちの地域文化のありようについて確認することになる[15]．

世代を超えるコミュニケーション

　古い映像を視聴しようというワークショップでは，参加者に高齢者が多くなりがちであるが，親や祖父母に連れられた子どもたちや，地域の過去の歴史に関心を持つ若者なども少なからず参加していたことは注目に値する．地域文化の再生について考えていく際に，参加者が高齢者のみに偏るのではなく，地域の未来を担う新しい世代に広がっていくことは重要な点である．地域の課題を単に言葉で議論し合う活動と比較すると，映像を用いたワークショップは映像が興味や関心を引きつけやすいことから，より幅広い年齢層が参加する可能性があるといえるだろう．

　しかも，映像に写された，若者たちにとっては見慣れない風景や人物，モノに関して，昔を知る高齢者たちが説明をするというかたちの世代を超えたコミュニケーションは，若者たちの「映像のなかのこれは何だろう」という疑問と，高齢者たちの「若い人たちに伝えたい」という欲求とが相互補完的に結びつきやすい場である．ファシリテーター役の学生たちが聞き手役の役割を果たす場合も含めて，映像というメディアが，世代を超えた語りを促進するという特徴は，地域文化の再生を考える際に大きな有効性を持つと考えられる．

物質性と映像

　写真であれ映画であれ，あらゆる映像が映し出しているのは物理的な人や物，風景などである．したがって，映像アーカイブの映像資料を見ながら広がっていく語りの内容も，画面のなかの個々の具体的な人やモノへの言及から始まる．

5. 映像アーカイブ実践の可能性　*53*

このように，地域の問題を考える際に，いきなり抽象的な概念から語り始めるのではなく，具体的なモノの次元から語り始めることは，概念的な言葉を操ることに長けた特定の専門的知識を有する人たちだけではなく，語りの場への参加をより幅広い人びとに開いていくことにつながる．議論の過程で抽象的な概念が登場することがあるにせよ，個別の具体的な体験や個人的な想いを出発点とする語りのスタイルは，過度の一般化を避ける地域の特性に根差した議論を進めるうえで重要であるし，議論への参加のためのハードルを低くすることにもつながる．

この点をさらに進めて，ワークショップ実践では博物館が所蔵する地域に残された生活用品や民具を用意して，映像を視聴する前のアイスブレークとして活用したケースもあった．このような場合，参加者たちは実際に民具を手に取り，身につけ，その使い方を模した仕草を行ったりした．こうしたプロセスのなかで，モノと結びついた身体性を喚起させることで，映像資料の映し出す時代の感覚をより鮮明に思い出すことに結びついたといえる．

6. まとめ

本章では，地域に残された写真や映画などを集積したデジタル映像アーカイブを，地域文化の再生に向けて活用していくことの可能性について，地域住民向けワークショップの実践を通じて検討してきた．映像資料は言語的な表現と比べて視覚的で直感的な理解をしやすく，参加者相互の語りを引き出しやすいという効果があることや，世代を超えたコミュニケーションを喚起すること，さらにモノと結びついた身体性とのつながりが議論の内容や参加者の広がりへとつながることを指摘してきた．

デジタル映像アーカイブの活用に関しては，現在，さまざまな分野，領域，目的での使用が模索されている．本章で検討したような Society 5.0 における地域文化の再生に向けた活用も，その有力なひとつになりうるものと考えられる．

一方で，デジタル映像アーカイブの整備に関しては，技術面，法制度面，

財政面，人材面，運用面などのそれぞれで課題も山積している．本章で検討したようなアーカイブ活用の具体的事例を蓄積していくことで，アーカイブをめぐる全体的な課題の解決も進展していくことが期待される．

謝辞

　本稿は，科研費補助金基盤研究（C）（課題番号 26330979）および電気通信普及財団研究調査助成の成果の一部である．

第5章

「思い出」をつなぐネットワークから Community 5.0 へ
――宮城県山元町の復興支援活動より

服部 哲・松本 早野香・吉田 寛

1. はじめに

　「超スマート社会」ないし「Society 5.0」を推進するにあたって，IoT や人工知能（AI），ビッグデータ解析など先端の ICT を活用してスマートなサービスを提供する情報システムに関心が集中しがちである．だが，Society 5.0 の構想が実社会にフィットして，豊かな社会を実現するためには，スマート技術を使って構築される情報システムの外部にあり，情報システムに直接参与していない人びとの意志や文化，そして協力などが不可欠である．これらは，Society 5.0 にとってのソーシャル・キャピタル[1]であるといえる．こうした要素が，Society 5.0 で構想されているシステムをいかに支えるかを，2011 年の東日本大震災以降，筆者らが復興に関わってきた被災地の現実から考えてみよう．

　津波によって産業や生活の基盤となる設備を失い，津波による直接の犠牲だけでなくその後の人口流出に見舞われた被災地のコミュニティは，急激な少子高齢化と社会の分断化のなかで豊かな生活を維持・再形成していかなければならない現代，そして今後の日本社会を先取りするモデルである．「Society 5.0」や「超スマート社会」の構想には，ビッグデータや AI など

の先端的な技術動向や都市部での情報通信サービスの展開が若干前のめりに，あからさまに反映されているが，筆者らの被災地での研究から見ると日本社会の現実とはかい離している面があるように感じられる．このままでは，Society 5.0 は一方的に人びとに課される暴力的な枷のようになってしまうか，少なくとも絵に描いた餅に終わってしまうことになるだろう．Society 5.0 が日本社会を豊かにする現実となるためには何が必要なのか．日本社会の直面する困難を先取りしてコミュニティの再建に取り組んでいる被災地にその手がかりを求めたい．

2. 被災地としての山元町とその課題

　宮城県山元町は，仙台の南に位置する人口 1 万 6 千人程度の小さな町であった．イチゴとリンゴ，そして沿岸で捕れるホッキ貝が主要な産品であり，週末にはこれらを目当てに仙台などから訪れる人びとで賑わっていた．町は，これらの産業に携わる者，常磐線で 40 ～ 50 分程度かけて通勤する者とその家族たちを中心とした大都市近郊の平和なコミュニティだった．

　2011 年 3 月 11 日，町を襲った津波は内陸まで侵入し，町域のじつに約 40％，平野や台地などのいわゆる可住面積の約 60％まで浸水させた．町内の半数以上の家屋が全壊または半壊し，町の 5 つの小学校のうち 2 つが津波に飲み込まれ，町内の広い領域で多くの住民の命が奪われた．平野部に展開していたイチゴ栽培と沿岸部のホッキ貝漁も壊滅した．仙台とつながる常磐線も不通となってしまった．町は，なじみある街並みと大切な仲間の命だけでなく，主要な産業とインフラまでもなすすべもなく奪われたのだ．そのダメージの甚大さは，想像を絶する．

　震災直後から，筆者ら（服部，松本，吉田ら）は日本社会情報学会（JSIS）の若手研究者グループを中心として復興支援チームを作り，山元町に通って情報支援を中心に復興支援活動に関わってきた．2011 ～ 2012 年にかけては，津波によって流されたいわゆる「被災写真」を，洗浄してデータベース化し，本人の手にお返しする「思い出サルベージアルバム・オンライン」という活

図 5-1　震災直後の山元町（提供：山元町）[2]

動を行ってきた．並行して，「りんごラジオ」という町の臨時災害放送局の情報支援や，ニフティや町役場と協力してのパソコン教室の展開など，情報技術を活用し，情報社会についての研究を生かして復興を促進する活動を模索してきた．

　震災後 7 年が経過しようとするいま，国を挙げての大規模な財政出動によって，常磐線や常磐道の開通，移転した新市街地のオープン，小学校の再建など，町の社会インフラは整ってきている．こうしたインフラ再建には，町の産業と活気を回復するという願いが込められている．一方で，コンパクトシティを掲げて整備された新市街地を中心として，山元町という「コミュニティ」を再生することが，町復興のためのもうひとつの課題である．こちらは，ハコモノを中心とするハード的な再建に対して，ソフト的な再建ということができるだろう．

　こうしてハードとソフトの 2 つが合わさってこそ，町の復興は実現するだろう．しかも，それは支援者から被災者への一方的なものではなくお互いの主体性を尊重し合うなかで実現する活動を通してでなければならない．震災直後の私たちは，パソコンやインターネットといったハードを被災地に持ち込み，たとえば避難所に提供しさえすればそれが有効な情報支援になると考えていた．しかし，その後の支援活動を通じて，ソフト的支援の重要性と

被支援者との双方向性の必要性に気づかされたのである．こうした山元町復興支援活動の経緯やそこで得られた教訓については，筆者らの手による『「思い出」をつなぐネットワーク』[3]を参照されたい．いかにして，ハード的な領域とソフト的な領域を融合させ，サービスの提供側と受容者の双方向的な協力関係を作るか．それが被災地復興の課題である．

こうした被災地の課題は，超スマート社会を実現しようとしている現代の日本社会にとっての課題でもある．超スマートテクノロジーは，Society 5.0の旗のもとで，専門家や行政あるいは業界側から一方的に押しつけられるサービスであってはならないだろう．また，そのシステムは，ハコモノ（ハード）的に理解された固定的なものではなく，利用する市民の多様な「思い」やニーズを柔軟に取り込んだソフト的な要素と融合的なサービスでなければならないはずである．

以下，それほど「スマート」ではないかもしれないが，筆者らが被災地で提供している情報システムの設計や運用を紹介しながら，上記の課題に応えていく手がかりを見つけ出していきたい．まず，山元町住民による文化活動である「パソコン愛好会」における地域SNSの設計と活用の事例，ついで，山元町の臨時災害放送局であった「りんごラジオ」の放送アーカイブの設計の事例を通して，情報システムとそのユーザーたちである山元町の住民たちとのかかわりを整理しよう．そのうえで，この2つの事例で見出されたシステムとそのユーザーとの関係を手がかりに，再び今後の日本社会におけるSociety 5.0の推進に関わる論点に戻ることにしよう．

山元町の2つの事例でポイントとなるのは，情報システムの（潜在的な）「ユーザー」と想定されている山元町の住民たちの多くが，震災までとくに情報技術，なかでもSNSやアーカイブといったサービスにはなじみがなかったということである．だが一方で，こうした住民たちこそが復興の当事者であり，復興の主体として，情報システムを有効活用することがもっとも期待されている人びとなのである．こうした事情は，日本社会に超スマートテクノロジーを導入する際にもほとんど同様であろう．つまり私たちのほとんどは，非専門家として，いわば受動的に，ビッグデータやAIといった高度な

テクノロジーに支えられた Society 5.0 に包含されていくのである。私たちは，被災地山元町の事例から何を学ぶことができるだろうか？

3. 山元町パソコン愛好会と地域 SNS の事例

地域には人が集う場があり，そこには人と人とのネットワークが存在する。ICT の進化を考慮した「超スマート社会」が地域を包摂するには当然，その社会に連綿と続くネットワークを意識しなければならない。ICT が十分に行き届いていない地域のコミュニティを考えた場合，そのネットワークをサイバー空間に融合する手法として何が考えられるだろうか。本節では山元町におけるパソコン愛好会（以下，単に愛好会）とその愛好会において活用している地域 SNS（以下，山元町 SNS）を事例として，上記の問いを考えたい。地域 SNS は地域社会のネットワークを前提とした情報通信サービスである。

愛好会の概要

前述のとおり，筆者らは震災直後から山元町の公民館などの避難所にパソコンの設置やインターネット環境の整備などを行い，仮設住宅への入居が始まってからは，その集会所などでパソコン教室を開催した。そして，2012年には山元町の生涯学習課と協力し，山元町の山下地区と坂元地区の両地区においてパソコン教室を開催した。パソコン教室には主催側の予想を大きく上回る住民の参加があり，このパソコン教室の参加者が中心となって，さらにパソコンを学ぶために 2013 年 4 月に立ち上げたサークルが愛好会である[4]。

本章執筆時点（2017 年 10 月）の愛好会メンバー数は 21 名であり，愛好会発足当初からのメンバーは 9 名（うち 8 名は 2012 年のパソコン教室から参加）である。それ以外のメンバーが愛好会に参加するきっかけはさまざまであるが，メンバー同士が愛好会以外の場で何らかの接点を持っていることが多い。そのため，愛好会は顔の知れたもの同士のコミュニティとなってお

図 5-2 愛好会の活動風景

り，会の雰囲気も和気あいあいとしている．たとえば，長く会に参加しているメンバーが新入りのメンバーにパソコン操作を教えるなど，所々にそのような雰囲気を感じられる．

山元町 SNS の概要

愛好会における SNS の利用は，2012 年のパソコン教室において河北新報社の地域 SNS「ふらっと」を利用したことがきっかけである．「ふらっと」のコミュニティ機能終了に伴い，2014 年 10 月以降，山元町 SNS は筆者らが管理するシステムで運営されている．Facebook のような SNS サービスの利用をためらうメンバーもいたため，山元町 SNS（図 5-3）は完全に閉じたコミュニティである[4]．ユーザー登録は招待制となっており，愛好会に参加し，山元町 SNS への登録希望があれば，招待するようにしている．

本章執筆時点の山元町 SNS 登録ユーザーは 30 名である．18 名が愛好会メンバー，7 名が筆者らを含む研究グループとその指導学生など，残り 5 名が協力していただいている企業の有志である．山元町 SNS にトピックを積極的に投稿しているメンバー（以下，積極的メンバー）は 18 名中 4 名であり，その 4 名によるトピック投稿が全トピック投稿数に対して 8 割強を占める．トピックの主な内容は，身近なことが大半で，地元のイベント，庭に咲く草花，家族のことなどである．トピックへのコメントに関しても積極的メンバー

図 5-3　山元町 SNS

4 名による投稿が多いが，その割合はトピックに比べると低くなる（全コメント数に対して 6 割弱）．全トピックの 85％強のトピックにコメントが投稿され，1 トピック当たりの平均コメント数は 3.37 である．愛好会活動時に山元町 SNS の利用状況を訪ねると，積極的メンバー以外から「投稿はしないが，何日かに 1 回は見るようにしている」という意見が得られ，いわゆる ROM（Read Only Member）であるが，定期的に閲覧していることがわかる．山元町 SNS のアクセスログはそのような行動を示す証左となっている（山元町 SNS の詳細な分析は文献[5]を参照）．興味深いのは，山元町 SNS ではコメントしないが，愛好会活動時に「SNS 見たわよ」「いい写真ね，どうやって撮ったの？」など，SNS のトピックをもとにメンバー同士で会話が行われていることである．山元町 SNS（サイバー空間）にトピックを投稿したメンバーは，愛好会（現実空間）でそれに対するコメントを受け取ることによって，他のメンバーが「SNS を見ている」ということを確認しているのかもしれない．また震災後に山元町を離れてしまったが，友人の紹介で愛好会に参加し，山元町 SNS に登録しているケースもある．愛好会への参加は難しくても，SNS での投稿は可能であり，実際，トピックやコメントを投稿している．

安心感と信頼性の醸成

　SNS は人と人とをつなぐサービスであるが，もちろんそれはサイバー空

間上のサービスである．先述のように，愛好会メンバーには全世界にオープンなSNSの利用をためらうものもいる．その理由は「何となく不安」や「何となく怖い」といった漠然とした印象である．「超スマート社会」の実現には高度なセキュリティの確保が要求され，機密性・完全性・可用性を維持しなければならないが，地域のコミュニティを「超スマート社会」に包摂する場合，物理的にセキュリティを確保するだけでは不十分であり，そこで暮らす人びとの漠然とした不安を取り除く努力が欠かせない．

　山元町SNSの場合，メンバーは愛好会という現実空間において少なくとも月に一度は顔を合わせる．愛好会以外の場でも顔を合わせることがあり，全員がお互いのことをよく知っている．これらは，SNSを利用することへの抵抗感をなくし，メンバーの安心感を醸成しているものと思われる．また山元町SNSの場合，システムの管理者は筆者（服部）であるため，管理者の顔も見えている．筆者らは震災直後から山元町において，情報機器の設置，「思い出サルベージアルバム・オンライン」の実施，パソコン教室の共同開催，そして愛好会への協力といった情報支援活動を続けており，その結果，山元町や愛好会メンバーとの信頼関係が構築されてきた．現実空間における信頼関係によって，サイバー空間に信頼性をもたらしていると思われる．サイバー空間と現実空間の双方への安心感と信頼性が両者の融合にとって重要になるのではないだろうか．

　サイバー空間と現実空間との融合を考えた場合，地域のコミュニティには現実空間のみに存在する人も存在する．当然，「超スマート社会」は彼ら・彼女らも対象となるが，従来の地域SNSに関する論考は，アクティブユーザー／非アクティブユーザーという枠組みで言及することが多い．SNSをサイバー空間だけに閉じるのではなく，現実空間まで広げた融合空間として考えれば，愛好会のような現実空間において人が集う場に参加するメンバーすべてをSNSのユーザーと見なすことができよう．山元町SNSを閉じた空間として見ればアクティブでも非アクティブでもないメンバーも，愛好会と融合したSNSとして見れば，現実空間の活動に積極的に参加するのであれば，SNSのアクティブユーザーとなりうる．逆に，地域を離れたなど何

らかの理由で現実空間の活動への参加ができなくても，その空間と融合した
SNSでアクティブであれば，現実空間の関与者である．それらの存在もまた，
SNSの利用に安全を感じさせるものになるのではないだろうか．

　地域のコミュニティをいかに「超スマート社会」のビジョンに包摂するの
か．愛好会と山元町SNSの事例からは，現実空間での「顔の見える」関係
によって，サイバー空間の「安心感」と「信頼性」を醸成し，また現実空間
でのコミュニケーションによって，サイバー空間が「調整」され，その利用
に安全を感じさせるであろうことが示唆された．これは「超スマート社会」
の土台となる，サイバー空間と現実空間の融合に対するアプローチのひとつ
となりうるのではないだろうか．ただし，現実空間のネットワークが密にな
りすぎるという課題をはらんでいることも忘れてはならない．

4. 臨時災害放送局「りんごラジオ」の記録に基づく復興記録アーカイブの事例

　有用な情報のシェアとそのスマートな活用は，「超スマート社会」を構築
するための重要なサービスである．アーカイブ化された震災と復興の記録が，
地域住民やまちづくりに関わる多様なアクターの間で共有されることによ
り，情報を基盤としたさまざまなアイデアや活動，協力関係の促進が期待で
きるだろう．ただし，Society 5.0は，ICTリテラシーの十分でない高齢者
の多い地域社会も包摂するものでなければならない．すなわち，「超スマー
ト社会」のシステムは，サイバー空間に対する意識が十分でない人にも円滑
に体験できるものでなければならない．これはいかにして可能になるのだろ
うか？　本節では，山元町で震災後に立ち上げられ，町の復興の経緯を逐次
放送し続けてきた臨時災害放送局「りんごラジオ」の記録に基づく復興記録
アーカイブを事例に，「リテラシーや意識が低いままの潜在的なユーザーを
想定したサイバー空間の設計」を扱う．具体的には，従来の地域アーカイブ
とは異なるユーザー層を取り込んだシステム設計の考察を通じて，上記の問
いを検討する．

臨時災害放送局「りんごラジオ」とアーカイブ化するデータの概要

　臨時災害放送局は，災害時における災害情報，支援情報，生活関連情報などを提供するために，開設される臨時のFM放送局である．東日本大震災後には，各地にかつてなく多く設立され，また長期にわたって運営される例が多かったことから，あらためて注目を集めた．なかでも山元町臨時災害放送局「りんごラジオ」は放送内容の充実と住民参画で知られる[6]．放送内容は町全体の復興記録であるのみならず，住民の生活の記録であり，累計3,000人を数えた町民出演者の思い出のよすがでもある．さらに，ブログ[3]も長期にわたって毎日更新しており，そこには写真などラジオでは扱えない情報も多数アップ・保持されている．被災直後から原則毎日放送し，約6年間運営され，2017年3月末日をもって閉局した[6]．

　りんごラジオは閉局後，コミュニティ放送に移行するといった展開をしていない．そのため，放送内容をはじめとした記録は，保存されてはいるが利用に供されてはいなかった．手書きの放送記録ノートなどの形式で存在はしているが，アクセスできない状態であった．一方，2017年には山元町防災拠点・山下地域交流センター内でりんごラジオの放送のサンプルを聞く企画が立案されるなど，復興記録・地域情報としての需要があることも明らかである．そこで，この放送局のデータを搭載した地域アーカイブを設計した．

積極的でないユーザーを想定したアーカイブ

　被災地域にかぎらず，地域アイデンティティを形成する主なデータは，事実関係の記録ならびに歴史などに関する語りである．ICTが発展して以降には，これを観光や文化財の保護と結びつけてアーカイビングする活動が多く行われてきた．震災からの復興記録アーカイブにおいては，まずは大量のデータを失われないうちに集めること，が当初もっとも重要とされた．その後，利用場面の想定をすべきだと考えた事例がいくつかあり，それぞれが自治体職員の業務や学校での授業，被災地観光などを想定したシステムとして設計された．これらのアーカイブでは，「時間から探す」「位置情報から探す」といった機能・メニューが提供されている．

66　第5章　「思い出」をつなぐネットワークから Community 5.0 へ

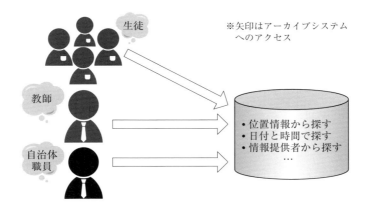

図 5-4　従来の地域アーカイブユーザー像

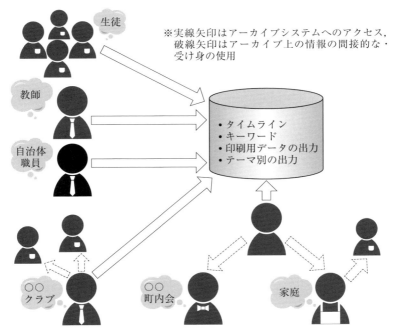

図 5-5　本章で想定する地域アーカイブユーザー像

4．臨時災害放送局「りんごラジオ」の記録に基づく復興記録アーカイブの事例

自治体職員や学校関係者であれば，業務上の必要性から積極的に地域情報アーカイブにアクセスするであろう．しかしながら，地域活動や地域への愛着のために地域情報を利用する中心的存在は，自治体や教員以外の住民である．彼らの目的は各自の地域活動や日常生活であり，積極的に ICT の利用を意図するとはかぎらない．

　そこで，積極的な ICT の利用者の外側に，間接的な使用を含め，結果的にアーカイブ上の情報にアクセスするユーザー像を想定した．アーカイブシステムとは別の文脈にあるユーザーが，改めてアーカイブを意識しなおさなくても，それぞれの文脈にあわせた情報を容易に取得できることを意図している．デジタル化された地域情報データは，明確な目的を持って検索して使用されるだけではなく，印刷資料に使用されたり，親密な集団あるいは個人で眺めるといった用途での役割も大きいと考えるためである．

　図 5-4 に従来の震災復興アーカイブのユーザー像を，図 5-5 に本章で想定するユーザー像を示す．

　基礎的なデータ表示には時系列を採用した．放送局のデータを使用しているからというだけでなく，地域情報一般が時間軸を持つためである．地理情報も必ず持つが，緊密な地域コミュニティとして想定されるエリアは市町村以下であり，地図をインターフェースの基軸とする方針は妥当ではないと判断した．

現実空間での利用場面と発展的機能

　従来の復興記録アーカイブでは，第一にデータの収集が優先された．とくに被災直後の記録は偶発的に残され，保存が義務づけられていないものが多いため，なくならないうちに集めることが最優先だったのである．データの利用については災害数年を経てから，すでに収集されたデータの「利活用」として議論された．「利活用」の主体として教育機関や自治体，観光客が想定され，アーカイブの設計に寄与している例もある．

　しかしながら，地域の復興記録は，主体的な利用者にとってのみ有益なものであろうか．教育機関や自治体はそもそも，機関の外側に貢献すべき対象

を持つ．アーカイブについてもまた，教育機関・自治体などそのものに貢献するための存在ではなく，最終的には教育対象である児童・生徒や障害教育の受益者，地域生活を送っている住民のためのものである．

　そこで筆者らは情報システムに蓄積されたデータが地域生活のなかでどのように使用されているかを調査した．その結果，情報検索を主体的に行うのではなく，タブレットやスマートフォンで「見せてもらう」，あるいは「印刷してもらう」，プロジェクターなどでの投影されたものを閲覧するといったケースが多数観察された．たとえば，前述のりんごラジオブログについて，自分ではアクセスしないが，内容は知っているケースがしばしば見受けられた．「息子が見せてくれるのよ」「○○さんがりんごラジオに出演したときの写真を印刷してもらったんだ」というぐあいである．教育機関での利用の際にも，教員がICT機器を使用してアクセスした復興記録を授業の教材に利用し，児童・生徒はその情報リソースをとくに意識しないまま情報を得ている．情報機器の操作を自分でしていても，「（誰かにアカウント作成やブックマークなどの設定をしてもらって）このボタンを押すと，友だちの投稿が見える．あとのことはわからない」という程度の知識・認識で使用している人が少なくない．

　こうした非主体的な情報の利用者，いわば「受け身のユーザー」は，従来のユーザー像には含まれない．しかしながら，Society 5.0における情報システムがこれら「受け身のユーザー」を排除するなら，社会のさまざまな構成員を包摂するものとはなりえない．単純に人数で考えても，地域社会においては「受け身のユーザー」の数のほうがずっと多いのである．

　臨時災害放送局の放送記録を中心としたアーカイブでは，この「受け身のユーザー」を想定した設計を行っている．臨時災害放送局の放送内容は公共的な性質を持ったものだが，地理・人口的に限られた緊密なコミュニティ内で取材され，構成されているために，同じコミュニティにいるから聞ける話，顔見知りだからこそ表現される内容も多く含まれてもいる．出演者の多くが本名で出ており，少なくとも放送終了から数年の間は町民全員が出演者本人または出演者の誰かを直接知っている状態である．こうした性質から，放送

記録や関連データを人が集まる場面に持ちこむと，あれが見たい，これを印刷したい，とリクエストが寄せられる．リテラシーに自信がない，あるいはICT を積極的に利用したいと思わない層のアーカイブへの潜在的需要の高さが示唆された事例といえよう．アーカイブの具体的な利用場面としては，自治体業務・学校教育を経由する場面，親密な個人間でのコミュニケーション場面，介護など高齢者とのコミュニケーション場面を想定している．

　また，ラジオ放送自体は音声データ，放送記録はテキストデータである．文字情報はアーカイビングの基本であるが，地域内の激甚な変化からのコミュニティ再構成を記録している復興記録アーカイブにおける写真の重要性は論を俟たない．りんごラジオの放送記録の時系列にりんごラジオブログの写真を関連づけると，視覚情報が補完される．日付つきの写真とその日の放送内容をあわせて紹介すると，「うちにも当時の写真があるから，見せてあげたい」「個人的に，新市街地の工事をずっと写真撮影してきた」「(調査者に)あげようか」といった発言がしばしば聞かれる．発展的には，町民が大量に撮影し保持している震災時・復興期の写真をシェアする場になるよう，アーカイブへの一般投稿を受け付ける機能も考えられる．すなわち，「受け身のユーザー」による情報提供である．

5. 被災地から Community 5.0 を考える

事例に見る山元町の課題への手がかり

　震災後の山元町は，津波による被害の後，人口減少と高齢化という第二の波に襲われている．第3節，第4節で紹介した SNS，そしてアーカイブの事例では，そうした地域社会において，どのように情報システムが使われうるか，そしてシステムを設計する際にはどのような使われ方を想定するべきかを示した．

　愛好会での SNS のつながりを分析すると，「顔の見える」関係，それによる安心感こそが，非アクティブなユーザーも少なくとも間接的に関与できる SNS というサイバー空間を可能にしていたということがわかる．単に，

SNSというインフラやサービスがハードとしてあったとしても，町のコミュニティとして現実化することはないだろう．SNSのコミュニケーションが現実の活動，すなわち愛好会と融合するなかでの「顔の見える関係」が作り出す安心感や信頼感が大切なのである．そして，この信頼関係は，SNSへの積極的な参加者の間にだけでなく，SNSにはほとんど，あるいはまったく書き込まないメンバーとの間でも効いている．また，SNSに参加していないかのように見えるメンバーも，愛好会という現実の空間でのコミュニケーションを通して，安心や信頼を作り出し，SNSの使用に不可欠の影響をもたらしている．

　りんごラジオのアーカイブの設計においては，非主体的な情報の利用者，いわば「受け身のユーザー」を想定することが必要だった．アーカイブが町の復興において実際に意味を持つためには，高度なリテラシーを持ち，自らアーカイブを使いこなせるユーザーだけでなく，「ふつうの」住民が，たとえば誰かに誘われて一緒に利用するなど，気軽に利用できるものでなければならないだろう．むしろ，こうした「ふつうのユーザー」の「受け身」の使用こそ，まず想定されるべきである．さらに，こうした「受け身のユーザー」からの現実空間での情報提供も受け入れることで，アーカイブは単なるデータの集合ではなく，町のさまざまな「思い出」の記録，住民や復興に関わる人びとのための意味ある情報となることが期待されるだろう．

　山元町は超スマート社会の先行事例というわけではなく，またここで事例として紹介した山元町の2つの情報システムは，たしかにSociety 5.0の一端となる技術ではあるものの，「超スマートテクノロジー」と呼ぶには，素朴にすぎるかもしれない．だが，これらの事例からは，最初に挙げた山元町における課題に対する重要な手がかりを得ることができる．つまり，SNSやアーカイブというハード的なシステムは，メタシステム[7]としての愛好会・学校という現実空間のなかに埋め込まれ，現実空間と融合することで，システムの「潜在的ユーザー」も双方向的な存在として包含することができる．そして，こうした融合的な場において，安心感や信頼感，「思い出」といったソフト的な要素がソーシャル・キャピタルとなってシステムを支えること

ができるのである.

Society 5.0 の課題

　Society 5.0 で構想されている今後の社会は，サイバー空間と現実空間が混じり合い，高度なテクノロジーによってスマートにシステム化される社会である．一方で，そのシステムの「ユーザー」と想定されるのは，その社会で暮らす市民たち，すなわちわれわれである．だが，われわれのほとんどは，スマートテクノロジーに対する十分なリテラシーを持っているわけではなく，またテクノロジーの活用法を理解したうえで積極的にスマート化しようという意識を持っているわけでもない．政府機関が出している Society 5.0 の構想を見るとき，そこで想定されている市民像はあまりにもハイスペックで，どう説明されても，思わず及び腰になってしまうのが国民の実情だろう．国民の多くは，その意味で，Society 5.0 における「受け身の」「潜在的ユーザー」なのだ．したがって，少なくともこの意味では，Society 5.0 を推進しようとする今後の日本社会は，筆者たちが SNS やアーカイブを導入してサポートしようとしている山元町の拡張版と見ることができるのである．

　山元町の研究から，日本社会における社会づくり，あるいはコミュニティの再形成という課題においてまず指摘しなければならないことは，ただスマート化されたシステムをハードとして一方的に提供するだけでは，Society 5.0 は機能しないだろう，ということである．システムに親和的に見えるアクティブなユーザーを想定するだけでなく，いわば受け身のユーザーとしての国民の安心感や「思い」を双方向的に取り込む姿勢や工夫が必要である．

　こうした事情は，戦後の地域づくりにおいて，いわゆる「ハコモノ行政」が受けてきた批判を想起させる．戦後の日本では，復興期から続く公共事業中心の国土開発が進められた．これはたしかに地方のインフラの整備や地方への資金の還流を促したが，地域コミュニティや地域の環境を著しく破壊するなど，多くの問題を残した．そこで，ひらがなの「まちづくり」という言葉の登場と相まって，住民不在のハコモノ行政として 2000 年ごろには大き

く見直されることになった[8].

Society 5.0 が構想されるとき，一般に思い描かれているのは，「スマートな」サービスを提供するシステムを構築すること，そしてそのシステムがあればそれを積極的に利用して利益・利便を得ようとする「スマートなユーザー」である．だが，そのような ICT リテラシーと ICT 意欲に満ちた利用主体ばかりを想定するのは妥当とはいえない．超スマート社会の新しい技術やサービスに対して「受け身の国民」もまた，Society 5.0 は当然包含しなければならない．

6. おわりに――山元町からの提案

私たちは，山元町の活動から提案したい．Society 5.0 を考えるとき，それを実現すると期待される高度なスマートテクノロジーだけに目を奪われてはならない．同時に，社会に潜在的に存在している人間関係や文化，思いといった，ソフト的な要素にも目を向け，これらが Society 5.0 のソーシャル・キャピタルとしての意味を持つことも積極的に評価するべきである．

ただし，こうしたソフト的要素は，Society 5.0 に対して「受け身」の，いわば「リテラシーの低い国民」から，単にデータとして取得して，設計者がそれを配慮してシステムに反映すればよいというものではない．こうした「受け身の国民」は，たとえば「デジタルデバイド」や「潜在的ユーザー」として，設計者によってただ配慮されるべき存在，そしてスマートなシステムに包含されてそのパーツとなるべき存在に止まるわけではないからである．スマートテクノロジーの側から見れば「受け身の国民」「潜在的ユーザー」と呼びうる人びとは，もし Society 5.0 を包含するさまざまなメタシステムにも目をやるなら，スマート化されたシステムを支えうる重要な「主体」であることが山元町の事例からうかがえるだろう．

したがって，Society 5.0 は，彼らを単に配慮されるべき弱者「潜在的ユーザー」としてではなく，むしろ Society 5.0 を支える「潜在的主体」として評価するべきだろう．そして，彼らの生きるさまざまな従来の社会システム

を，スマートテクノロジーの提供する Society 5.0 のメタシステムとして評価し，そのなかに Society 5.0 を位置づけることが必要だろう．このように，Society 5.0 を地域・社会においてより広範に力強く存在している多様なシステム群に包摂するような，より重層的なモデルによってはじめて，国民はシステムの「主体」としての地位を保つことができる．そしてまた，システムの側も，われわれが山元町の SNS やアーカイブに見たように安心感や信頼感を担保し，文化や「思い」といった人間的な意味を支えることができるだろう．こうした社会化・人間化したスマートなシステムを私たちは「Community 5.0」と呼べるのではないか．

このように，山元町の復興支援活動から得られた Community 5.0 のモデルを，テクノロジー・サービス的観点で表現されがちな Society 5.0 から社会的・人間的観点で一歩進めたビジョンとして，私たちは提案したい．

謝辞

本研究は平成 27 年度科学研究費助成金「『語り』の蓄積からコミュニティの物語を出力する地域デジタルアーカイブの構築と運用」ならびに平成 28 年度電気通信普及財団（The Telecommunications Advancement Foundation）の研究調査助成を受けたものである．

第6章

Society 5.0 とコンテンツツーリズム
―― 聖アウグスティヌス号について

平田 知久

1. はじめに――本章の目的

　本章[1]で中心的な主題となるのは，聖アウグスティヌスという名を持つ，現在はフィリピンを航行する船である．導入としての本節では，この船を題材とする理由を示すために，その来歴を説明したい．

図 6-1　聖アウグスティヌス号

図 6-1 が 2014 年 8 月に筆者がフィリピンのセブ港にて撮影した聖アウグスティヌス号である．2018 年 4 月現在，この船はセブ港に寄港する航路は取っておらず，フィリピンの首都マニラから，「フィリピン最後の楽園（秘境）」と呼ばれるパラワン諸島に向けて出航し，パラワン島のプエルト・プリンセサに到着した後，往復のためにプエルト・プリンセサを出航してマニラに戻るルートを取っている．

　この聖アウグスティヌス号は，現在の名前になる前に二度船名を変えている．ひとつ前の名は「セブフェリー 1」であり，船舶会社セブフェリーの所有する船であった．そして，セブフェリー 1 の前の名は「フェリーくまの」であり，そのときは筆者の出身地である和歌山県和歌山市に本社を置き，和歌山と徳島を結ぶ南海フェリーに所属していた．

　ところで，フェリーくまのは，原作のライトノベルと 2006 年に放映されたアニメの双方で爆発的なヒットとなった『涼宮ハルヒの憂鬱』シリーズに所収の，無人島を舞台とした「孤島症候群」という奇異譚のアニメ版で登場する船のモチーフである．主人公の女子高校生涼宮ハルヒが結成したクラブで孤島での合宿が提案され，船で渡った小島が外界から隔離された「本当の孤島」になるという筋書きを持つこの短編のアニメの一幕には，徳島港の風景も利用されている．なお，フェリーくまのは燃費高騰と乗船客の減少のあおりをうけて 2007 年 4 月に引退し，同年 9 月にセブフェリーに売却され，セブフェリー 1 を名乗ることになった．

　本章の目的は，聖アウグスティヌス号の来歴とこの船に関連するさまざまな情報を用いながら，Society 5.0 に資するコンテンツツーリズムのあり方を考察し，その答えをもって Society 5.0 への提言をなすことである．

　そこで次節では，Society 5.0 とコンテンツツーリズム，および両者の関係を論じていくことにしよう．

2. コンテンツツーリズムと Society 5.0

物語性と人びとのニーズ

　コンテンツツーリズム学会によれば，コンテンツツーリズムとは，

　　　　地域に「コンテンツを通じて醸成されたイメージ」としての「物語性」
　　　　や「テーマ性」を付加し，その物語性を観光資源として活用すること[1]

と定義され，その具体例には「映画のロケ地巡り，大河ドラマ観光，マンガ，アニメの聖地巡礼」[1] が挙げられる．

　それゆえ，現在聖アウグスティヌス号が，あたかも「孤島症候群」と同様にフィリピンの島々をめぐる船であることをもって，そのファンを対象としたツアーを企画したり，聖アウグスティヌス号を引き取って和歌山港（ないしは徳島港）に係留し，そこにファンを呼び込む企画を立てたりすることは，コンテンツツーリズムとして十分に理解できるものだろう．

　他方，Society 5.0（超スマート社会）とは，内閣府の「第 5 期科学技術基本計画」（以下「第 5 期計画」と略記）において提示された社会構想であり，それは，現在の日本が直面する少子高齢化や地域経済の疲弊などの解消のために，「必要なもの・サービスを必要な人に，必要な時に，必要なだけ提供し，社会の様々なニーズにきめ細やかに対応」[2]（p. 11）できる社会だと定義される．

　この定義で注目すべき点は，Society 5.0 の実現にあっては，人びとのニーズの多様性が維持されることが必要条件であり，さらにニーズの多様性はより拡張されることが望まれている，ということである．

　実際，Society 5.0 は，人びとのニーズの多様性の維持と拡張と強い関連を持つものとして説明されており，たとえば「第 5 期計画」には，Society 5.0 以前の既存の日本の製造業は，より良く・より安価であることを目指した結果，新興国の安い生産コストや欧米主要国のグローバル戦略によって，競争的優位が保てなくなったため，

新たな生産技術と ICT との融合により，多様化するユーザーニーズに
柔軟に対応するものづくり技術や，ユーザーに満足や感動を与える新た
なビジネスモデル（コトづくり）が求められている[2]（p. 19）

といった記述も見られる．

コトづくりの実例としての聖アウグスティヌス号

ところで，先の引用では，人びとのニーズへの関わりのあり方が「ものづ
くり」と「コトづくり」という点から区別されている．さらに「第5期計画」
では，コトづくりが「潜在的ニーズを先取りした新たな設計手法」[2]（p. 19）
によって生み出されると論じられており，そこにも人びとのニーズの多様性
の維持と拡張を促す意思を見取ることができる．

ここで，Society 5.0におけるものづくりとコトづくりを人びとのニーズ
との関係からまとめれば，次のようになる．

まず，Society 5.0におけるものづくりとは，情報科学技術を用いて，さ
まざまな価値を持つ「もの」を，人びとの多様なニーズに合わせて提供する
ことである．

次に，Society 5.0におけるコトづくりとは，情報科学技術を用いて，あ
る「もの」を，人びとがこれまで気づいていなかったさまざまなニーズを喚
起するかたちで提供することである．

このまとめが示す要点は，コトづくりが喚起する価値のニーズは，人びと
に提示される「もの」に媒介されるが，その「もの」自体が持つ価値やこれ
まで人びとがこの「もの」に抱いてきたニーズとは原理的には無関係である
ということである．そしてそれゆえ，コトづくりは具体的な「もの」からあ
る程度遊離させて考えることができ，人びとがこれまで見過ごしてきた「も
の」，さらにはまったく価値がないと見なしてきた「もの」についても，潜
在的な価値やニーズを喚起することができるビジネスモデルとして成立する
ものとなる．さらに，ここでの「もの」に「地域コミュニティ」を代入すれ
ば，コトづくりは理念的には現存するあらゆる地域コミュニティに応用する

ことが可能となるだろう.

以上のことから,Society 5.0 におけるコトづくりとは,人びとのニーズの多様性の維持や拡張を担うという点で,Society 5.0 の根幹をなすアイデアであるといえる.そして,現在はフィリピンを航行する聖アウグスティヌスという船をコンテンツツーリズムとして利用する,という前項の企画案は,フィクション作品の物語性(テーマ性)を付与することによって,これまで気づかれていなかった価値やニーズを喚起するものであるという点で,コトづくりの実例だといえるだろう.

コトづくりの範例としてのコンテンツツーリズム

なお,現代のコンテンツツーリズムが Society 5.0 におけるコトづくりと親和性が高いことを,情報通信技術との関係から指摘することもできる.というのも,現代のコンテンツツーリズムの実践で注目すべき点は,物語性(テーマ性)を持つコンテンツがデジタル化され,その帰結として(デジタル化された)コンテンツの複製・改変・共有が簡易化した,という情報環境の変化だからである.

この変化は,既存の観光社会学の理論枠組みに,以下の4つの要素を付け加えることによって,コンテンツツーリズムの理論枠組みを構築しようとした岡本健の論文[3]においても前提とされている.実際,彼が挙げる4つの要素は,(1)社会の情報化,(2)ツーリスト・地域住民・プロデューサーといった諸アクターの立場の不分明化,(3)それらの立場の相互作用の活性化,(4)コンテンツ製作主体の多様化,とまとめることができるが,とくに(2)から(4)を引き起こす社会的・技術的背景が,コンテンツのデジタル化とその結果としてのコンテンツの複製・改変・共有の簡易化であることは,無理なく理解できるだろう.

ここまでの議論から,現代のコンテンツツーリズムは,その内容と手法の双方の点において,Society 5.0 におけるコトづくりの範例の位置を占めるといえる.

だが,次節で論じるとおり,現代のコンテンツツーリズムには,いくつか

の陥穽があり，現代のコンテンツツーリズムがコトづくりの範例だとするならば，その陥穽はコトづくりが乗り越えるべき課題となるだろう．この課題を示すべく，以下では，現代のコンテンツツーリズムの対象となるある地域や場所が「聖地」という装いを持つことについて，議論を深めていくことにしよう．

3. コンテンツツーリズムの陥穽としてのコトの一意化

聖地とは何か

では，現代のコンテンツツーリズムという実践を経由したうえで，なお他の場所から区別されうる「聖性」を持つような聖地には，どのような特徴があるだろうか．

ここでは，旅（ツーリズム）という語が想起させる「非日常性」とその対になる「日常性」，聖とその対となる俗という語が想起させる「代替不可能性（特別であること）」と「代替可能性（ありふれていること）」という2つの基準を備えた図6-2のようなマトリックスを用いて，聖地の特徴を考えてみよう．

これら2つの基準を用いれば，聖地は非日常的かつ代替不可能な場所（III）の代表例だと考えられる．また，同じく非日常でありながら，それらを総体として捉える場合に，人びとには選択肢として提示されるという点で代替可能な場所（II）には「観光地」を当てはめることができる．他方，人びとの

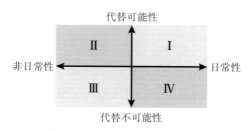

図 6-2　聖地をめぐるマトリックス

日常にありながら，代替不可能な人間関係が育まれる場所（IV）としては，家族を一例とするような「親密圏」が当てはまる．最後に，人びとの日常でありつつ，親密圏の特別さとは相対的に区別されるという点で，代替可能な場所（I）として，生活圏を含めた「地域（コミュニティ）」を当てはめることができる．

ただし，近代化や情報化によって，聖・俗や日常・非日常の境界が徐々に曖昧になってきたことを考慮に入れれば，現代の親密圏，地域コミュニティ，観光地，聖地は，それぞれの対偶の否定という観点から説明する方が，より実態に近いものとなるだろう．

ここで言わんとすることを聖地を例として述べれば，現代の聖地とは（I）ではありえないが，（III）を起点として部分的には（II）と（IV）も覆うような場所，換言すれば「日常的かつ代替可能な場所ではないところ」と表現する方がより実態に即しているということである．

コンテンツツーリズムにおける聖性の担保

前項を踏まえれば，伝統的に聖地と呼ばれてきた場所と，現代のコンテンツツーリズムにおいて聖地と呼ばれる場所は，それらの聖性を担保するものの差から，次のように区別できる．まず，伝統的な聖地の聖性を担保するのは，人びとにとって日常的かつ代替可能ではない歴史的な聖人やその聖人に所縁の「もの」，およびそのような「もの」に付随する物語（テーマ）である．他方，現代のコンテンツツーリズムにおける聖地の聖性を担保するのは，「萌え」や「感動」といった，人びとにとって日常的かつ代替可能なものではない感覚，およびそのような感覚をもたらすようなコンテンツの物語性（テーマ性）である．

ここで示した両者の差異は非常に重要である．なぜなら，岡本亮輔の聖地の社会的承認に関する論考[4]で述べられるとおり，伝統的な聖地の聖性については，聖人や聖人に所縁のある「もの」との関係の深さの観点から，ある程度明確で測定可能な基準や指標を，その聖性をまったく信じない人びとにも示すことができ，その基準や指標による社会的な広がりを期待できる．

3. コンテンツツーリズムの陥穽としてのコトの一意化　　*81*

だが，あるコンテンツを視聴する人びとの感覚に到来する聖性は，その感覚があくまでも個別的なものである以上，「社会的に一定以上の広がりを持ちえない」[4]（p. 205）からである．

ただし，物語性（テーマ性）を持つコンテンツのデジタル化と，その帰結としてのコンテンツの複製・改変・共有の簡易化は，後者の広がりの制約を取り払い，日常的かつ代替可能なものではない感覚がもたらされた人びと同士のつながり（の可能性）を促進し，そのつながりによって聖地の聖性が担保される．このような意味で，現代のコンテンツツーリズムの聖地は情報化の産物だといえ，あるコンテンツの物語性（テーマ性）が喚起するどのような地域にも，理念的には「聖性」という名の「コト」が発露する可能性があることになる．

コトの一意化という課題

しかし，このように説明されるコンテンツツーリズムには，ある陥穽が待っている．

それは，たとえば山村高淑がコンテンツツーリズムの成功のために「遊びごころを持ってコンテンツを共有した者同士（ファン・地域・製作者）が互いに配慮し，単なるビジネスとは異なる姿勢をとること」[5]（p. 185）が重要だと論じる際に，コンテンツを共有した者同士の配慮によって希求されることになるものとは，彼が自著で反復する「一緒」「共有」「一体化」のみとなるのではないか，という疑問として提示できる．実際彼は，コンテンツツーリズムの成功の過程において「その土地に対する愛着をも生み出す可能性がある」[5]（p. 188）と語り，その愛着は，

> 地域住民，製作者，ファンという三者が，それぞれ自らの「思い」をコンテンツに託して，「地域という空間（受け皿）」で再認識する．そして，そうした「思い」を新たなコンテンツ＝「物語」として再構築し，再び共有していく，ということ[5]（pp. 188-189）

だと説明する．

だが，そのときファン，地域，製作者といった諸アクターに共有される物語（テーマ）から外れる思いを抱く者は，共有されているはずのコンテンツに自らの思いを託すことができなくなるだろう．

　山村がコンテンツツーリズムの成功のひとつとして評価する事例を用いて，より具体的に述べれば，さまざまな戦国武将を主人公とするゲーム・アニメコンテンツである『戦国 BASARA』を用いた地域振興では，ゲーム・アニメ的ディフォルメとして「Let's party!」と雄叫びをあげて敵陣に突撃する伊達政宗の物語性（テーマ性）は諸アクターに共有されたといえるが，二次創作作品において同性愛的実践をなす伊達政宗の物語性（テーマ性）は，史実としてはこちらこそ共有されてもよいのだが，少なくとも表立っては共有されたとは考え難い．

　このような共有に関する弁別は，コンテンツツーリズムで紡ぎうる物語（テーマ）を「コンテンツとともにある聖地における人びととのつながり（の可能性）」へと収斂させる効果を持つだろう．本章では，物語性（テーマ性）がひとつの意味に近づいていくという点から，このプロセスを「コトの一意化」と名づけることにしよう．

　コトの一意化，わけても人びととのつながりという物語（テーマ）への一意化がコンテンツツーリズムの陥穽である理由は，それが「つながり」を売りにするマスツーリズムと同様のものになるからである．たとえば，「パラオのウェルカムネスを体験！――南国の楽園での現地の人びととのつながり」という（筆者が今しがた創作した）広告が SNS などで共有されるとすれば，両者の差異は不分明なものになるだろう．

　そして，コトの一意化は，Society 5.0 におけるコトづくりが克服すべき課題でもある．というのもコトづくりとは，人びとの潜在的なニーズを発見し，既存の「もの」に，新たな価値やニーズを付与することで，人びとのニーズの多様性の維持と拡張を実現するものだったからだ．コトの一意化は，Society 5.0 以前の「より良く・より安価」という一意の価値やニーズを持つ「もの」が人びとに提供されていた状況への回帰になるという点で，Society 5.0 におけるコトづくりが避けなければならない事態なのである．

4. コンテンツツーリズムの課題としてのコトの多意化

Society 5.0 におけるものづくりのアイデア

では，コトの一意化はどのようにすれば解決できるだろうか．本節では，この課題の解決方法を論じる準備として，Society 5.0 におけるものづくりのアイデアに則った場合に，この課題の解決がどのようなかたちで目指されることになるのかを批判的に検討し，そこで発生する別の課題を考察することで，あるべき解決の方向性を示す．その際注目に値するのが，デービッド・アトキンソン（David Atkinson）の『新・観光立国論』[6]である．

この本に示された彼の考えを一文で要約するとすれば，短期移民としての海外からの観光客を選択的に誘致せよ，ということである．彼は，日本にある多様な観光資源に投資し，それらを外国人観光客が消費した場合に得られる利益を最大化すべく優先順位をつけることを提案し，観光客 1 人当たりの消費単価を上げる工夫を，さまざまなデータや事例から論じる．そしてその過程で，いわゆる「爆買い」が単に称賛される現状や，1 人当たりの消費単価がそれほど高くない「オタク」をターゲットにする戦略に警鐘が鳴らされる．

だが，彼の提言の大枠の妥当性を認めたうえで，改めてどのようにすれば1 人当たりの消費単価を上げる方策を実際に得ることができるか，と問うことには意味がある．というのも，たとえばある地域で歴史的遺産の改修に投資するのか，コンテンツツーリズムの企画に投資するのか，という優先順位をつけるためには，相当数の観光客に関わる情報が必要になるが，地方であればあるほど，その絶対量が少なくなるからだ．

このような問題に，わかりやすい解決策を提起するものが，Society 5.0 におけるものづくりのアイデアの一例としてのビッグデータ分析である．たとえば，同じような地理交通的条件，人口規模，観光財があるような日本の別の地域，さらには海外で比較考慮に値するような場所のデータを収集し，観光客の出身地や消費単価，消費傾向などの相関を分析すれば，外国人観光客がある地域に訪れる前に，人びとの行動のモデル化と予測が可能になるだろう．

コトの多意化

　以上のことから，Society 5.0 におけるものづくりのアイデアによって，コトの一意化という課題を解決する方途とは，ある「もの」が持つさまざまな価値と人びとの多様なニーズとの間の「適切な配分」とでも呼びうるものを実現することだとまとめることができる．そして，これを前節で見た『戦国 BASARA』の問題に応用すれば，次のような解決になる．

　前節で論じたとおり，同性愛的表現は，コトの一意化が希求されるかぎり表立って共有されない物語性（テーマ性）として扱われる可能性がきわめて高い．しかし，もし「表立って共有されない」ということが，実際には「いついかなる場合にもそれらを表明しない」と「公的な文脈においては表明しない」という意味に分かれ，後者を求める諸アクターが相当程度大きな割合であることがデータとして示されるとすれば，たとえば「18 歳未満立ち入り禁止を原則とする同性愛的表現コンテンツの夜間展示」の企画やその経済効果の試案を行うことが可能になるだろう．

　ただし，このような方途でコトの一意化という課題を解決しようとするならば，別種の課題が姿を現す．その課題を示すために，和歌山県が企画した 2016 年の NHK 大河ドラマ『真田丸』を基軸としたコンテンツツーリズムを紹介しておこう．

　和歌山県は『真田丸』の放映に伴い，戦国時代を切り口とした持続的な集客を見込む観光資源コンテンツとして「戦国わかやま」を企画した．それは「真田」を起点に和歌山県の歴史観光資産を周遊する「戦国ルート」をめぐる広域観光地域づくりであり，平成 27 年度（2015 年度）当初予算として6,500 万円，補正予算として 4,000 万円が計上された[7]（p. 25）．

　だが，この企画には明らかな問題があり，それは和歌山県知事の記者会見での企画の趣旨説明に示唆されている．

　　「真田丸」からいうと敵方もあるし資料の下の方では雑賀衆，根来衆，
　　粉河衆も顔を出しておりまして，「戦国わかやま」をコンテンツにして，
　　拡大真田丸対策をやっていこうではないかということです[8]

つまり，和歌山県（の特定の地域）は，『真田丸』の放映前までは，真田の敵方の「紀州徳川家のお膝元」という物語性（テーマ性）を積み上げ，それを観光資源としてきた地域だった．それゆえ，コトの一意化という課題をSociety 5.0におけるものづくりのアイデアによって解決しようとするまさにそのときに，地域コミュニティは，さまざまなコトが乱立するような「コトの多意化」とでも呼ぶべき状況に直面することになるのである．

コトの一意化という課題とコトの多意化の調停という課題

　なお，コトの一意化の過程で等閑視されたさまざまな物語（テーマ）が改めて可視化されたものがコトの多意化だと考えるならば，それらはそもそもコトづくりの端緒にはらまれていたものであり，人びとのニーズの多様性それ自体が示されたのだと捉えることもできる．

　ただし，前項末の例から考察されるべきは，人びとが地域に付与しうるさまざまな物語（テーマ）が存在すること，そしてそれらが並存し，場合によっては相反することがコトの多意化によって明示される際に，聖地の聖性が代替可能であることを人びとに示唆してしまう可能性があるということである．そしてここから，コトの多意化の調停は必須でありながら困難な課題であることが導かれる．

　前節で確認したとおり，聖地とは「日常的かつ代替可能な場所ではない」という条件を持つような場所であり，その聖性は日常的かつ代替可能なものではない感動や萌えのような感覚とそれを共有するための情報科学技術によって担保されるのだった．

　よって，聖地の聖性が代替可能であることを示唆するコトの多意化は，地域の分断やコンテンツに対する多様なニーズを持つファン同士の分断を生み出すことになり，その過程で聖性が徐々に失われる可能性はきわめて高い．そして，この分断をひとつの物語（テーマ）によって調停しようとすることは，避けるべきコトの一意化として，すでに批判的に検討されてしまっているのである．

5. 聖アウグスティヌス号について

コンテンツツーリズムと地域に固有の問題・失敗

では，コトの一意化という課題とコトの多意化の調停という課題は，どのようにすれば同時に解決することができるのか．

ここまでの議論を踏まえれば，その指針は次のようになるだろう．すなわち，これまである地域において等閑視されてきたような「もの」，たとえばある物語性（テーマ性）を持つ地域コミュニティにおいて「問題」とされてきたものや，あまり顧みられなかった「失敗」に着目し，その問題や失敗自体に積極的な「コト」を見出すような所作こそを，地域コミュニティの新たな物語（テーマ）として引き受ける，ということである．

そこで本節では，幾分抽象的なこの指針に具体性を与えるべく，改めて聖アウグスティヌスと名づけられた船に立ち戻ってみよう．なぜなら，コンテンツの活用という観点からすれば，この船が現在和歌山港や徳島港に係留されていないという事実それ自体が失敗と呼ぶに値する事態だからである．

また，筆者が行った南海フェリーの取締役営業部長である花井透氏へのインタビューによれば，同社はコンテンツツーリズムを企図するうえで，多くの失敗を経験している．たとえば，フェリーくまのを売却した後，『涼宮ハルヒの憂鬱』シリーズとのタイアップを模索し，版権者との交渉を行ってきたが，それは不調に終わった．そして，このようなタイアップを企画した理由は，南海フェリーの社会的認知，とりわけ若者のそれが低いことからの脱却を図るためであったが，このような企画それ自体が，これまでの広報戦略の失敗に由来するものである．

ただし，南海フェリーは，これらの失敗があったからこそ手に入れることができたものがある．それは，図6-3に示す2人の少女である．

この2人の少女の原版は，2011年の初頭に，南海フェリーが和歌山県出身のイラストレーターに依頼し，オリジナルキャラクターとして作成してもらったものである．

なお，2人の少女は，コンテンツツーリズムのキャラクターとしては，い

ポロシャツバージョン　　　　　　　　セーラー服バージョン

図 6-3　高野きらら・阿波野まい（提供：南海フェリー株式会社[9]）

まだ十分に確立したとは言い難い．事実，南海フェリーのホームページのオリジナルキャラクターの項目にある2人に関する情報は，名前と年齢，お互いの関係，性格と趣味に関する簡単な紹介のみである．

成長するキャラクターについて

多数の失敗から生み出され，いまだ十分に成功しているとは言い難い「もの」に，積極的な意味や物語性（テーマ性）を見出すとは，この2人の少女を例に取れば次のようなことである．

まず，南海フェリーによれば，キャラクター作成の費用は「当初考えていたよりも安い」という感覚を持っており，費用対効果は高かったという．若者に対する社会的認知が低いという状況を出発点とすれば，キャラクターを活用した PR 活動を行えば必ずいくつかのメディアが取り上げてくれる状況は成功であり，「新聞に広告を載せるために数百万円をかけたとしても，1日でそれは終わってしまう」からである．実際，南海フェリーがキャラクターを導入するために支払ったのは，グッズ制作費を除けば，船体および船内に

貼られたキャラクターのシール4枚100万円（1隻当たり）のみである．よって，これまでの南海フェリーの広報の失敗は，その失敗がもとになって誕生したキャラクターたちによって，（部分的に）埋め合わされていく可能性がある．

このようなかたちで，これまでの問題や失敗に積極的な意味や物語性（テーマ性）を見出すことができるとすれば，2人の少女の設定がほとんど決まっていないことについて，南海フェリーでは「成長することもできる，止めることもできる」し，「場合によっては，ファンの人に〔彼女たちの〕人生を描いてもらってもいいかもしれない」（〔　〕内は筆者の補足）と幾分肯定的に考えられていることには，さらに注意が払われてよい．なぜならこのことは，南海フェリーと和歌山県（徳島県）が，フェリーくまのというコンテンツを手放すことによって，さまざまな人びとが参与できる「成長する地域のキャラクター」を手に入れたという物語（テーマ）を紡ぐことを可能にするからだ．

このとき，人びとの参与の条件は，何らかのかたちで彼女たちの成長にかかわりたいというニーズを喚起されたファンであること，そして彼女たちの人生をその誕生の経緯に沿って，前後に続くようなさまざまなかたちで描くことの2点のみである．むろん，このような物語性（テーマ性）を持つコンテンツ共有のあり方は，まさに現代の情報化が促してくれるだろう．

なお，これら2つの条件を満たしつつ，あるキャラクターの人生を描くことは，実際にはそれほど容易ではない．たとえば，彼女たちの人生の終焉の描写として「私は幸せだった」と語らせることそれ自体は簡単だが，その言葉を語ってもらうためには，自らのものであれ他者のものであれ，相応の不幸を知っている必要があるからだ．よって，人生を描くということは，彼女たちを「無条件に幸福なキャラクター」にしないという実践であると考えられ，それは安易なコトの一意化を可能なかぎり避ける機能を持つといえる．

他方，キャラクターの人生を多くの参与者に描いてもらうことは，彼女たちの人生にさまざまな分岐が存在する可能性を認めるものである．それゆえ，ある分岐から派生したいくつかの物語（テーマ）がそれぞれ独立に綴られる

過程で互いに相反し，調停が必要なコトの多意化が起こることもあるだろう．

　だが，これらの物語（テーマ）があくまでも創作であるのならば，それぞれの物語を遡ることで相反が起こらない別の分岐を探ったり，その相反を解決できる新たな分岐を作ったりすることも可能であり，さらにそのような試行錯誤が彼女たちの人生の物語として共有され，後に起こるかもしれない相反を調停する基点となることも許されるだろう．キャラクターの人生が多くの参与者によって描かれるということは，それゆえ，コトの多意化を調停するポイントを系譜的な観点から示唆し，創造する機能を持つといえるのである．

　そして，このような示唆をもたらすキャラクターを手に入れた南海フェリーと和歌山県（徳島県）は，『涼宮ハルヒの憂鬱』シリーズとのタイアップの不調をもって，このシリーズの物語を現実の地域とサイバー・コミュニティの双方に応用する術を，図らずも手に入れたことになる．なぜなら，詳述は避けるが，成長するキャラクターを用いたコンテンツツーリズムの手法としてここまで論じてきたことは，『涼宮ハルヒの憂鬱』シリーズにおいて描写される物語の基本プロットに酷似するからである．

6. おわりに——まとめと Society 5.0 の展望

　前節で示した課題解決のあり方とは，ある地域コミュニティが直面する固有の問題や失敗を，現在のものとしてではなく未来において解決されるであろう現在の諸条件として捉えなおし，仮に未来において別種の問題や失敗が発生するならば，より望ましい帰結を得るために，改めてある時点に回帰することができるような基点を作ることである，とまとめることができる．

　さらに，コンテンツツーリズムが Society 5.0 におけるコトづくりの範例であるならば，上のまとめは次のように一般化できるだろう．つまり，地域コミュニティを含めたある「もの」に固有の，これまで等閑視されてきた問題や失敗について，その問題や失敗自体が積極的な価値や意義を持つような未来を構想し，そのような未来とそこに至り得ていない現在との関係から，

さまざまなコトを創出するということである．

　このような発想は，初期設定と初期条件をもとにして，さまざまなシミュレーション解析を行うことに，部分的には比することができる．ただし，ここまでの議論を踏まえれば，Society 5.0 におけるコトづくりとしてのシミュレーション解析では，ある問題の解決に資する検証を「成功」と捉えると同時に「後の問題や失敗の起源」としても捉える必要がある．

　それゆえ，人びとのニーズの多様性の維持と拡張が望まれる Society 5.0 の中核にあるコトづくり，およびコトづくりを実現する科学技術の到達度の測定もまた，サイバー・コミュニティ上で 2 人の少女の人生を描いたり，地域コミュニティの未来を構想したりするがごとく，次のような複合的な視点からなされる必要があるだろう．つまり，Society 5.0 に近接しつつある社会状態 S_1 を実現する科学技術イノベーション I_1 の達成や完成，という視点だけではなく，Society 5.0 にいまだ至っておらず，後に問題を引き起こす可能性があるものとして S_1 や I_1 を捉える視点が必要不可欠であり，そのうえで，S_1 や I_1 を成立させる部分的な成果としての社会状態 S_2，およびそれを支える科学技術イノベーション I_2 の到達度を測定しなければならない，ということである．換言すれば，人びとのあるニーズを満たすためだけの S_1 や I_1 の達成や完成は，それが Society 5.0 の理念を裏切るという点で完全な失敗なのであり，その意味で Society 5.0 の実現に向けてもっとも希求されるべきは，先に見た測定を行いうる人材を育成する「コミュニティ」だといえるのかもしれない．

第7章

"人を中心とした"システムとの共創

椹木 哲夫

1. はじめに

　我が国の科学技術施策の骨格をなす第5期科学技術基本計画では，世界に先駆けた「超スマート社会」の実現が目指されている．その根幹には，

- ものづくり分野を中心に，ネットワークやIoTを活用していく取組
- サイバー空間とフィジカル空間（現実社会）の融合
- サービスや事業の「システム化」，システムの高度化，複数のシステム間の連携協調

が3本柱として挙げられており，その基盤技術として，サイバーセキュリティ，IoTシステム構築，ビッグデータ解析，AI，デバイスなどが，また新たな価値創出のコアとなる強みを有する技術として，ロボット，センサ，バイオテクノロジー，素材・ナノテクノロジー，光・量子などが挙げられている[1]．

　一方，オックスフォード大学のフレイ（C. B. Frey）とオズボーン（M. A. Osborn）によれば，今後10～20年程度のうちに自動化される可能性が高い（70％以上）仕事は全体の47％という予測もあり，AIによるテクノロジー失業が深刻な課題になりつつある[2]．また世界に先駆けて超高齢化社会を迎える我が国では，近い将来の労働現場と労働市場の大幅な変化に対して人

が不適応を起こすことも危惧される．そこでは，働く人の健康・働きやすさ・働きがいを保証する QoW（Quality of Working）をいかに高く保てるかが鍵になる．

今後の望ましいわれわれの社会の姿は，常に人が絡み合い，福祉や環境を取り込んで，人が育ち，商品を生みながら，限りなく改良・改善がなされていく社会システムの実現である．「人間力の持続性を保証できる社会」であり，人にとってやさしすぎる社会ではなく，人の側の主体的なコミットメントを引き出していける社会であろう．

今般 42 年ぶりに我が国への誘致が叶った国際自動制御連盟世界会議 IFAC World Congress 2023 では，大会テーマに「わ：WA」が掲げられ，その趣旨として『わ：「環」を以て「輪」を為し「和」を創る』という標語にブレークダウンされ，現在開催に向けた準備が展開されている．その意味は，輪（Community）に対して，環（Feedback）を適切に設定し，和（Harmony）を実現するという 3 つの「わ」をコンセプトに持つ新しい科学技術の推進である．その議論のなかで，とくに自然環境と人間社会の適切な相互作用（フィードバック）をなすためのシステム理論の構築とそれを実現するシステム化技術の確立に焦点が当てられている[3]．以下，本章では，このような 3 つの「わ」の観点から，来るべき超スマート社会の実現課題について概観する．

2. 「環」を以て──第 3 の生活世界

これまで制御工学の要をなしてきたフィードバック「環」として今後に求められるのは，個々の機器レベルの制御のためのフィードバックから，つながる工場・考える工場として，変種変量生産に強く，顧客ニーズにきめ細かく応えられる生産工程に変えていけるような，より大きなスケールでのフィードバックへの革新である．

「環」を実現する構図としてはすでに CPS（Cyber Physical System）が注目されており，このための技術として IoT の活用が叫ばれている．CPS

でのフィジカル世界については，これまでどちらかといえば情報世界に対する物理世界という対比構図が意図されてきたようであるが，ここではあえて，フィジカル世界を「人」の活動の場に拡張し，「生活世界」（Lebenswelt）[4] として捉えていく必要がある．この生活世界とは，生産活動・労働活動のみならず，サービス活動・生活活動・社会活動など，すべからく人の感覚により成り立つ世界が含まれる．

　このような世界は，そもそも人の感覚は頼りがいがなく，普遍性・客観性・論理性によってこそ背後にある確実な構造が認識可能になる，という自然科学における一般的前提を満たさないとして，これまで近代科学が無視し，軽視し，果ては見えなくしてしまった現実の側面である．それは身体的経験に基づく認識であり，対象との関係の相互性であり，相手との交流により感じ取れるもうひとつの現実で，広義の生命現象も含まれる．

　なぜこれまでこのような生活世界が，近代科学の土俵に上げられてこなかったのか．それは機械論的・力学論的に現象の説明がつく物理世界ではなく，また単線的な因果関係で成り立つ世界でもなく，複線的・複合的因果関係が複雑に絡む世界であることによる．すなわち，環境との相互関係がはるかに複雑な生命体や人間的事象を扱うかぎりは，事物の多義性としてのシンボリズム（象徴表現）の原理を抜きには語れない世界であるという特徴にある．

　一例として，近年脚光を浴びているサービス科学について考える．サービス科学では，ユーザーとメーカーの間での「共感」を獲得していけるかどうか，それがインタラクティブ・マーケティングの鍵となる．売り手からの一方的な提供ではなく，ユーザーの側にまず技を出してもらう，あるいはユーザーの側で進行しているプロセスを出してもらい，これらを共有していくことで，よりユーザー・ニーズに適合したサービスを提供していくことが考えられている．近代科学が，基本的に主観と客観，主体と対象の分離・断絶を前提としてきた考え方においては，そこで捉えるべき事物が独立性・自律性の強いものとなるが，サービスでは，事物の側からわれわれに対する働きかけ，そして働きかけを受けつつわれわれの側から行う働きかけ，という事物

とわれわれの具体的な関係の成り立ちを理解しデザインする必要がある．

　サービスは，これまでのモノ（グッズ，Goods）と同様の市場交換の構図では捉えきれない．すなわち，サービスを与える側とサービスを受ける側の対局図式ではなく，またサービスを受ける主体が受けるサービスを客体化して捉える主客分離の構造とも異なる．サービスの定義は，サービスを構成する要素の相互交流において見られる価値の共創現象として定義されるべきもので，サービスは主体に還元できるものではなく，また主体の見ている客体にも還元できない．サービスは複数の主体の〈間〉にあって共創されるものであって，この関係性を〈相互主観性〉のシステムとして捉える学理が必要となる．相互主観性とは，それぞれの主体が客体について考え感じている主観性を意味するだけではなく，互いに相手に理解を示し合う相互の関係の水準にまで着目するものである．サービスを主観性の前提で捉えるならば，顧客の要求を満たし喜ばせなければならない行為となり，また主客を分離した主観的な価値ではサービスとは，笑顔，親しみやすさ，情報，迅速さ，のようにわかりやすくなければならない．しかし相互主観的な価値として捉えるサービスは，主体が客体の内部に絡み取られることで，自分は「誰か」を呈示し交渉することであり，その客がどういう人になるのかの過程に責任を持つことまでが含まれる．

　このようなサービスを科学するためには，新しいシステム学の確立を必要とする．主観性（意識）の所在を主体の内部に求めるのではなく環境の側に位置するとして捉え，主体概念を排除して〈他者〉を取り込むシステム理論である．この点は，まさにサイモン（H. A. Simon）の定義する人工物の定義にも合致する．サイモンは，人工物の定義を，設計され組織化された内部環境と，それが機能する（人を含む）環境である外部環境のインタフェースであるとし，「もし内部環境が外部環境に適合しているか，あるいは逆に外部環境が内部環境に適合しているならば，人工物はその意図された目的に役立つ」ことを指摘している[5]．

　また主客分離の議論は，Object（客体）と Subject（主観）の議論である．元来ドイツ哲学での Obiectum とは「向こうに置かれたもの」を意味し，む

しろ「主観的」な表象内容を表すものであった．一方，Subiectum とは「下に置かれたもの」を意味し，認識や判断に左右されない基体・実体を意味していた．近代以降のドイツ哲学では Subjekt が認識・判断の当事者を意味するようになって「主観」と訳され，認識・判断の対象である Objekt（客観）と対置されるようになった．しかし元来の「主体性」の意味は，人間が生きるために個別主体として対他的に行動し，対他関係の基礎は対自関係にあるとする自己と他者の相互限定的な関係性に根拠を置く．サービスを捉える概念は，まさにこの考え方とも合致するものであり，客観性を重視する従来の科学に代わって，「あいだ」の主体性／主観性を重視する新しいシステム学の必要性を示唆する．

　CPS を支える基盤技術としては，IoT の活用が叫ばれている．超スマート社会においては，このような技術は単純な計測のための技術，機器を接続するための技術としてではなく，人への気づきを提供できる技術として捉えるべきである．サービス科学の原良憲（京都大学教授）によれば，サービス科学のように人を内包するシステムとして実現すべき要件は，①利用者の課題を認識し，その解決を遂行するために，②無形財産・資源を活用し，③所有の移転を行わずに，機能・効用・満足を提供し，④知覚・経験を通じた利用者との相互作用により，経済的，もしくは社会的価値を創出することであるとされる[6]．IoT の活用はこのうちの，①の利用者の課題認識，そして④の知覚・経験を通じた利用者との相互作用，のフェーズでの活用に期待したい．さらに原によれば，日本型クリエイティブ・サービスの特徴は，高コンテクスト情報による高コミュニケーションで特徴づけされるという．コンテクストとは，言葉や文章などの前後関係，背景知識，文脈，あるいは，それにかかわる解釈や意味づけのための情報を意味し，行間，裏，真意を読むことに相当し，これを前提とするのが高コミュニケーションである．そこでは，従来のシャノン－ウィーバー流のコミュニケーションモデルのように情報のコンテンツのみを扱うモデルに代わり，コンテンツとコンテクストとの関連づけをできるシステム理論が必要になる．

　IoT により，徹底した人間計測が進められ，大量の人間行動・人間特性に

2.「環」を以て——第 3 の生活世界　　*97*

関するデータの蓄積が進むことは間違いないであろう．ただし，データの蓄積のみでは，上記のような高コミュニケーションにはつながるわけではない．その障壁となるのが，個人／組織の活動文脈に沿った情報の検索・加工・構造化・対話的提供の技術開発であり，「意味価値」に基づく情報の選別や優先度づけを行うための技術の実現である．フィジカルな世界のデータとしては，さまざまなデータが入手可能であるが，単純にデータを見せても意味はなく，いかにサイバー世界で巧妙にデータが処理され最適化がなされ，現実を写し取る解析が可能になるとしても，人間が制御ループに残る以上は，この人の認識の仕方に整合する情報提示を行わなければならない．

3. 「輪」を為し——SoS と知識の流通

ドイツでの Industrie 4.0 に比較するとき，我が国においては M2M (Machine to Machine) として機械同士がつながることの意義以上に，人が機械を介してつながることの意義が大きい．いわゆる「人中心」の超スマート社会である．このような「人中心」の発想の起源は北欧である．同じ欧州でもアングロ・サクソン流の考え方は随分異なり，その典型的なものにマニュアル徹底方式に基づくオペレーションがある．その本質は，Command, Control, Communication, Intelligence (CCCI) を核とし，階層的な指示系統で人間も環境も制御することができるという考え方にある．一方ドイツのラインラント流の考え方は，Craftsmanship, Connection, Trust, Inspiration (CCTI) を重視し，マネージャーは命令するのではなくわかり合って互いを信頼することに重きが置かれ，Rule-based ではなく Principle-based で行動する．マネージャーに必要なのは一方的語りではなく Communication であり，そして人は制御される対象ではなく不測の事態への自主的で効果的な応答が求められる．

我が国における，超スマート社会が可能にする Society 5.0 では，人を含めたあらゆるシステムがつながり，より大きな複合システムを構成することになる．システムのシステム (SoS：System of Systems) の様相を呈する．

98 第7章 〝人を中心とした〟システムとの共創

SoS の定義は，

- 構成要素のシステムは，それ自体が独立した機能を果たすための自律的な活動の機構を持つこと
- 個々の要素システムは，全体システムのなかでの機能を果たしつつある間も，本来の自律的な機能を果たし続けること
- 構成要素システム相互の間の情報の流通が可能で，その運用管理を共通に行えること

の要件を満たすシステムである[7]．またその特徴としては，複数のシステムが組織的に集合することで個々の構成要素システム単独では持ち得ないしたたかさ（強さ）が創発されること，外部からの要求の変化に対してしなやかに適応できること，の 2 点に集約される．しかし，この特徴ゆえに，システム全体としての挙動の予測は難しく，トップダウンなコントロールの概念は不適格で，要素システム間での影響伝搬の相互作用を前提にしたコラボレーションの仕組みをいかに構築できるかにかかってくる．このような「システムのシステム」のしたたかさとしなやかさを保証していくためには，アングロ・サクソン的考え方はイリュージョンと化し，むしろラインラント流の見方を新たなシステムの制御原理として考えていく必要がある．

「輪」を為す超スマート社会で期待されるのは，知識の流通の課題であろう．前節でも述べたように，プロダクト的価値からサービス的価値が重視される超スマート社会では，消費財を販売して収益を上げるというビジネスモデルに代わり，消費者の手に渡った後の製品の使用のされ方に関する情報を収集し，さらにその使用価値をより高めるためのサービスを提供し続けることが求められる．そこでは，経験価値・信頼価値への比重が増大し，使用価値が重視された知識の流通について考えなければならない．

そこでこれからのデータの利活用を考えていくうえで重要な概念となってくるのが，情報の粘着性（Stickiness of Information）である[8]．これは「情報の移転のしやすさ」に関わる概念で，製品開発プロセスでの問題解決に必要な情報を，それを必要とする人間に利用可能な形にして移転するために掛かるコストの大きさ，として定義される．「粘着性」とは逓増的な費用であり，

当該情報の所与の受け手がその単位の情報を使用可能な形で特定の場所へ移転するのに必要とされる費用を表し，この費用が低いときには情報の粘着性が低く，逆にこの費用が高いときには情報の粘着性が高いとされる．情報の粘着性を引き起こす要因としては，

(1) 情報そのものの性質（いわゆる形式知であるか暗黙知であるか）

(2) 情報の送り手と受け手の属性やコンテクストの相違

(3) 移転される情報量（受け手にとって過重負担であるか否か）

が挙げられる．移転が容易なものは，例えば，マニュアル化された技術情報や，製品や製造設備に体現された技術情報などで，これまでも比較的保存や継承が容易とされてきた知識である．一方，粘着性の高い情報は，マニュアル化できない技術情報や工程知識など，暗黙的なノウハウがこれに該当し，記号化できる部分が少ないがために，個人の属性やコンテクストの影響を受けやすい暗黙知である．実際に取得可能なデータは膨大な量に及び，確率統計的な活用に供することができるとしても，そのデータから何を読み解き，それをどのように可視化して，人による再利用ができるレベルに移転することができるか否かは，データの意味情報処理技術に関わってくる．これには空間／時間領域での実績（活動）記録から，現象／行動パターン／熟練技能モデルやプロセスのモデルを帰納的に抽出・獲得することも含まれる．

さらにデータ加工のサプライチェーンと，どのような価値をデータに付加していけるかのバリューチェーン，と呼べるような，データの供給の連鎖に関する方法論の確立が求められる．すでに超スマート社会に向けて，センシングデータの流通：オープンな（公的）市場の形成，が目されている．ここでも，素データの価値を引き上げられる意味処理技術が伴わないことには，単なるデータの量的規模だけで売買が成立することは考えにくく，データの質的な移転技術の確立が必須になる．

以上のような知識の流通がこれまでないがしろにされてきた背景には，科学の知が信頼されすぎ，それにうまく合致しない領域，事柄の性質上，曖昧さを残さざるをえない領域が，正当に扱えなかったということであろう．しかしながら，超スマート社会では，経験がものをいう領域や，言葉が大きな

働きをする領域こそを，つなげていかねばならない．

　このことをいち早く主張していたのが，暗黙知で知られるポラニー（M. Polanyi）である[9]．化学者であるポラニーはその経験に基づいて，近代科学の非個人性・普遍性・客観性の神話を打ち砕き，個人的知識において科学的知の再検討を行い，暗黙知として以下の特徴を挙げている．

　（1）我々は自分たちのはっきり言えることよりも多くのことを知りうるし，事実知っている

　（2）このような知識は，我々の個人的な裏付けを持っている

　（3）我々の認識の枠組みの実在性と性格は，焦点的にも捉えられず，我々の行動のうちにただ副次的に現れるのみである

すなわち，個別的な知識のひとつひとつがバラバラなものとして存在しているのではなくて，ひとつの全体の中で，またひとつの全体として統合されることについて述べている．

　超スマート社会における知識の流通を考えるには，ポラニーが主張するように，知識（knowledge）を切り出し実体化（対象化）できるとする捉え方は誤りである．むしろ，暗黙知の働き，つまり，知ることの技術（knowing）を獲得するうえでなされた努力を共有することができるか否かである．そのためには，知識を実践する行為者と，それを見る相手や，そこに立ち会う相手との間に引き起こる相互作用やインタラクションが成立していなければならず，抽象的な普遍的知ではなく，個々の場合や場所を重視して深層の現実に関わり，世界や他者がわれわれに示す隠された意味を相互行為のうちに読み取り，捉える働きを明らかにしなければならない．前節で述べたような IoT の活用による気づきの促進は，諸感覚の協働に基づく共通感覚的な知を流通させるためにはどうあるべきかの観点からの検討が求められる．

4. 「和」を創る──レジリエンスと共感

　IoT や AI，ビッグデータが可能にする超スマート社会の実現によって，これまでの自動化が単独の機能や作業，一部の機械やツールへの適用に限定

されてきたのに対して，インフラに適用されることで，自動化は環境そのものとなる．IoT は考えられるすべての変数を測定し，その数値がインターネットを通じてデータ処理センターへと送られ，さまざまな機器の利用現場に適宜指示を出したり，人の作業を代替したりすることを可能にするであろう．まさに，インフラのオートメーション化である．そしてソフトウェアの指示やデータベース，ネットワークプロトコル，センサ，機械部品などが相互に依存し合い，社会全体が相互依存ネットワークをなすことになる．一方，インフラに自動化が埋め込まれるとなると，何が何を制御し，何と何がつながり，どこに情報が流れ，それがどのように使われているかを知るのは難しくなることが予想され，オートメーション化された広範囲での情報交換が，見えざる領域で遂行されることになる．とくに，SoS として多くの要素システムがつながり，かつ各要素システムに人の活動が含まれてくるなかにあっては，一部の作業の変動やゆらぎの影響が，直ちにつながっている他のシステムに伝搬し，一部の小さな不調が，広範囲にわたるカタストロフィックな故障の連鎖（カスケード故障）を引き起こし，ランダムな故障に対してきわめて反応しやすいシステムとなる．

　たとえ一時的に各要素システムの機能低下や機能不全がもたらされるとしても，システムが破局的な状態に陥ることなく機能を継続できること，いわゆる「レジリエント」なシステムの設計が求められる．ロバストネスが，ゆらぎを排除することで離齬をきたさないようにするための技術であったのに対して，レジリエンスはゆらぎを認めたうえで離齬をきたさないようにするための技術である．これは，「何かが悪い方向へ向かうのを避ける」ための防護的な技術から，「すべてが正しい方向へ向かうことを保証する」ための復元力を有する技術への転換である．

　一方，工学システムにおいてのみならず，超スマート社会が実現する新しい人のコミュニティや集団においてもレジリエンスは重要な概念となる[10]．レジリエンスという用語は，元来は物理学用語であったが，心理学で 1970年代頃から心理的ホメオスタシス（psychological homeostasis）の概念として，心理的な健康状態を維持する力，あるいは一時的に不適応状態に陥った

としても，それを乗り越え健康な状態へ回復していく力を表す概念として提唱された．同様に1973年には，カナダの生態学者で，後にオーストリア・ウィーン郊外の国際応用システム分析研究所（IIASA）の所長を務めたホリング（C. S. Holling）により，生体のホメオスタシス同様，生態系にも環境変化に対する復元力が備わっているとしてレジリエンスの概念が提起されている．そこではレジリエンスについての2つの特徴が示されている．ひとつは，人間と自然の関係，共生の関係を示す "social-ecological system" として特徴づけられ，いまひとつは，変動やゆらぎに対するシステムの持つべき特質のひとつとして取り上げられている．外乱に対する予測不能な応答性や自己組織化の側面が強調されており，複雑適応系の定義に近いものである．その後，"Urban Sustainability and Resilience" という用語に代表されるように，社会や都市，コミュニティが持つべき資質としてレジリエンスの概念が定着してきた．

　医療の世界でも，集団のレジリエンスとして，単に回復するというよりも崩壊を通じての成長と適応を意味するレジリエンスの議論が盛んに行われている．加藤敏の現代精神医学におけるレジリエンスでは，病因論の観点からは単純な因果論的見方から離れ，発病は非線状的，あるいは多元的に決定されるとしている[11]．単に元の状態への回復ではなく，新しい健康への変容を含意している．またグネスタッド（A. Gunnestad）は，文化的レジリエンスとして，ネットワーク要因，能力とスキル，意味・価値観・信念（自己アイデンティを支えるもの）に係る議論の必要性を唱えている[12]．

　超スマート社会が目指すべきは，共感に基づく共生である．共感には，「認知的共感」（cognitive empathy）と「情動的共感」（affective empathy）がある．前者は相手の思考や感情を「知的に認識できること」であり，それに対して後者は，相手の思考や感情に対して「情的につながって反応できること」を意味する．どちらも「他者の心的状態をただしく理解する能力」という点で同じだが，前者が「頭による知的理解」なのに対して後者は「心による情的理解」である．超スマート社会では，同じルールに従うものであればたとえよそ者であっても関係性を構築するが，普遍的ルールから逸脱するも

4.「和」を創る——レジリエンスと共感　*103*

のは社会から排除されるという関係性はストレスフルなものになろう．認知
的他者理解が情緒的他者理解を凌駕し駆逐する世界になってはならない．

5. さいごに

　超スマート社会は，第4次産業革命であり職業改革でもあると目されて
いる．しかし革命にはそれまでのものを排除する痛みを同時にもたらす．事
実，第1次産業革命では，機械化による熟練労働者の失業がもたらされ，第
2次産業革命では，資源獲得競争の結果，都市労働者が工業労働者として働
く一方で多くの失業が生み出されたし，第3次産業革命では情報格差が適
応できない多くの失業者を生む結果となった．来るべき第4次産業革命では，
工業的失業，あるいは技術的失業（テクノロジカル・アンエンプロイメント）
が危惧されている．このような趨勢のなかにあって，今後はますます人間固
有の意味が問われてくる時代になろう．

　京都大学名誉教授で哲学者・精神科医の木村敏によれば，西洋では世界や
自然を客観的に観察することにより，これを「もの」として眺めることで自
然科学や合理的世界観が発達してきたのに対して，「こと」の世界に対する
静かな共通感覚的感受性こそ，欧米には見られない日本独自の心性であると
いう[13]．「アクチュアリティ」と呼ばれるこの現実の様態は，絶えず現在
進行形で動き続けている現実であり，それを自らのものとするためには，現
実を突きつけられる側も常にそれに即応した動きのなかに入り込むことがで
き，自分自身の心の動きによってそれに参加できなくてはならない．本章で
述べてきた，あいだのシステム学，暗黙知の流通，共感に基づく共生，のい
ずれにおいても，すべからく通底する知見である．この行為的実践的な参加
がスムーズに運べるようにするためのシステムこそ"人を中心とした"シス
テムである．

　最後に，1962年に当時の米国大統領のジョン・F・ケネディが残した言
葉を引用したい．「われわれは信じる．人間を労働から追い出す機械を新た
に発明する才能があるのなら，その人間を労働へと戻らせる才能もまた人間

104　第7章　"人を中心とした"システムとの共創

にはあるだろう」．まさにこれからの超スマート社会でわれわれが突きつけ
られる課題であろう．

あとがき

　例年になく暑い日が続いている．子どものころの夏休みは，たしかに暑かった
けれど，通りの打ち水や風鈴の音，真っ赤なかき氷の冷たさでしのぐことができ
た気がする．30度を超えるのは数日で，8月に入るともう秋の気配がした．お
盆をすぎれば，人がいない小学校の庭には赤とんぼが舞飛んで，夏休みの終わり
が近いことを告げていた．

　近年，ICT技術の発展はこれまで以上にめざましく，AI技術やロボット技術
ともリンクして，新たな生活環境を産み出しつつある．たとえば自動運転技術や
医療分野における自動診断技術，介護ロボットなどはその代表的なものである．

　その一方，私たちの身体や生活は，生物学的な諸条件，人口縮小，気候変動，
自然災害の猛威，さまざまな環境問題など，人間の制御を超えた自然の動きによっ
て大きく左右されている．それは太古の昔からの問題だが，現代にあっても基本
的には変わらない．

　そんな限界のある私たちの〈生〉にとって，限界をどこまでも超えていこうと
する技術は，他の人びとと共に生きていく幸福をもたらしてくれるのだろうか？

　残念ながら，第1次産業革命以降の科学技術は，その役割を完全に果たせた
とはいえない．もちろん，人間たちの寿命を延ばし，経済活動を効率化し，以前
に比べて物質的に豊かな生活をもたらしたことは明らかだろう．しかし，技術の
進歩が地球環境を変化させ，また自然災害の威力を高めた可能性も否定できない．
何より，人びとの結びつきが弱まり，地域の過疎化や限界集落化が進む現状は，
より大きな視点で，社会と技術のあり方を再検討すべき時が来ていることを知ら
せるものだろう．

当然のことながら，それは新しい科学技術を否定するものではない．ただ，科学技術を，効率性や生産性の最大化のためだけに役立てようとするのではなく，生きるうえでの人びとの繋がりを強め，生きる意味や価値を高め，深い満足や幸福感をもって一生を全うすることを支援するものとして再設計することは可能だろう．

数日前の報道で，犬が犬型ロボットを「生きもの」と認識し，仲間として気遣うそぶりを見せるケースがあるとのレポートがあった．人工物も，人間にとって「他者」ではなく，生命体となめらかに接続し，包容してくれるようなものとしてあってほしい．

とくに私たちが日々の生活を営む地域環境が，新たな技術を埋め込むことによって，自然と人間，生きものたちと人間，そして人間同士がもっと優しく共生できるような〈場〉とならないだろうか．それを可能にするには，どのようにサイバー空間と物理空間を包括する地域（都市）を計画すればよいだろうか．それが初めにあった本書の問いであった．

本書が優しい未来の扉を開けるためのささやかなガイドブックとなれば幸いである．

最後になったが，本シリーズの担当編集者である東京電機大学出版局編集課の坂元真理氏には，今回もたいへんお世話になった．深く感謝いたします．

2018 年夏　猛暑の中で

横幹〈知の統合〉シリーズ編集委員会

委員長　遠藤　薫

注

第1章

1. Christoph Roser at AllAboutLean.com（https://www.allaboutlean.com/industry-4-0/industry-4-0-2/）の図に遠藤が大幅に加筆修正.
   By Christoph Roser at AllAboutLean.com under the free CC-BY-SA 4.0 license.
2. （原文注）狩猟社会，農耕社会，工業社会，情報社会に続くような新たな社会を生み出す変革を科学技術イノベーションが先導していく，という意味を込めている.
3. （原文注）Hudson（2005）（引用注：本書では参考文献［26］）は，地域の成長・衰退の軌道は，経路依存的というよりも偶有的でめぐり合わせ conjunctural であったと考え，経路偶有性 path contingency という概念を提起している.
4. ブルーア［21］における引用を参照（水田による訳文）.
5. JST「未来社会創造事業」「超スマート社会の実現」領域「構想駆動型社会システムマネジメントの確立」プロジェクト（研究開発代表：西村秀和，社会研究グループ代表：遠藤薫）.
6. 本書では，図 1-5 として掲載.

第3章

1. 人口問題（少子高齢化），環境問題（エネルギー，気候・地殻変動），財政問題（財政赤字，年金，社会保障），教育・就労問題（格差）といった先進国に共通する課題を先進的に体験している.
2. 参考文献［1］に加筆して作成.
3. 堂目卓生「問われる資本主義② 共感・利他の精神が鍵に」（経済教室）『日本経済新聞』（2016 年 8 月 10 日付）を参考に，一部加筆. 認識の拡張（収縮）性については，Google Earth が参考となろう.
4. 堂目卓生「問われる資本主義② 共感・利他の精神が鍵に」（経済教室）『日

本経済新聞』（2016 年 8 月 10 日付），および牧大介（『西粟倉・森の学校』校長）の公開講演資料を参考に作成．

5. 「連携人口」の概念は，新上五島町と長崎県立大学との相互協力協定事業「人口減少対策のためのガイドライン作成—新上五島町 100 年プロジェクト—」報告書（2017 年 3 月）で筆者が打ち出した概念である．

6. 新書発行に先駆け，日本創生会議・人口減少問題検討分科会の報告「成長を続ける 21 世紀のために「ストップ少子化・地方元気戦略」（通商「増田レポート」）が，雑誌『中央公論』（2014 年 6 月号）で「消滅する市町村 523 全リスト」というタイトルで公表されたことが発端でもあった．

7. 左図は『2013 離島統計年報』[15]「〔附図〕離島位置図」に地域区分（円）を追記して作成．

8. そのほかにも，宇沢弘文が提唱する「社会的共通資本」もある．ここでは他の資本との重複を避けるため割愛するが，自然環境や社会的装置（インフラや制度）を含むものとして重要な概念である．

9. 寛容や多様性については[16]を，「構造的空隙」（structural holes）については[13]を参照．

10. ここで「協調」は「同調」でない点を強調したい．「同調」は自分の意見を出さずに他の意見や態度に賛成することを強要しかねない．「協調」は相違点や対立する利害などを対話を通じて共通の目標に向かって歩み寄ることである．

第 6 章

1. 本章は筆者の「ジモト」に関するフィールドワークの報告書[10]を大幅に加筆，修正したものである．

参考文献

はじめに

[1] Germany Trade & Invest, "Industrie 4.0 - Germany Market Report and Outlook", 2018（https://www.gtai.de/GTAI/Navigation/EN/Invest/Service/Publications/business-information,t=industrie-40--germany-market-report-and-outlook,did=917080.html）.

[2] 内閣府「Society 5.0」（http://www8.cao.go.jp/cstp/society5_0/index.html）.

第 1 章

[1] 井上俊「モダニティのコンテクスト」宮島喬・舩橋晴俊・友枝敏雄・遠藤薫編著『グローバリゼーションと社会学』pp. 225-229，ミネルヴァ書房，2013.

[2] Butterfield, Herbert, *The Origins of Modern Science: 1300-1800*, Bell and Sons, 1949（渡辺正雄訳『近代科学の誕生〈上・下〉』講談社，1978）.

[3] Tönnies, Ferdinand, *Gemeinschaft und Gesellschaft*, Leipzig: Fues., 1887（杉之原寿一訳『ゲマインシャフトとゲゼルシャフト』岩波文庫，1957）.

[4] Benjamin, Walter, *Das Krunstwerk im Zeitalter Seiner Technischen Reproduzierbarkeit*, 1935（浅井健二郎訳「複製技術時代の芸術作品」浅井健二郎編訳『ベンヤミン・コレクション 1』筑摩書房，1995）.

[5] McLuhan, Marshall, *The Gutenberg Galaxy: The Making of Typographic Man*, University of Tronto Press, 1962（森常治訳『グーテンベルクの銀河系——活字人間の形成』みすず書房，1986）.

[6] Fukuyama, Franci, *The End of History and the Last Man*, 1992（渡部昇一訳『歴史の終わり〈上・下〉』三笠書房，2005）.

[7] Campanella,Tommaso, *La Città del Sole*, 1602（近藤恒一訳『太陽の都』岩波書店，1992）.

［8］Wikipedia, "Smart city"（https://en.wikipedia.org/wiki/Smart_city）.

［9］経済産業省資源エネルギー庁「スマートコミュニティのイメージ」（http://www.enecho.meti.go.jp/category/saving_and_new/advanced_systems/smart_community/pdf/smartcommu.pdf）.

［10］経済産業省資源エネルギー庁「スマートグリッド・スマートコミュニティとは」（http://www.enecho.meti.go.jp/category/saving_and_new/advanced_systems/smart_community/about/fallback.html）.

［11］Sidewalk Labs（https://www.sidewalklabs.com）.

［12］MIT Technology Review, Woyke, Elizabeth, "A smarter smart city", 2018（https://www.technologyreview.com/s/610249/a-smarter-smart-city/）.

［13］MIT Technology Review「グーグルの「先進的すぎる」スマートシティ，地元反対で計画に遅れ」2018（https://www.technologyreview.jp/nl/even-alphabet-is-having-trouble-reinventing-smart-cities/，2018 年 8 月 20 日閲覧）.

［14］SideWalk Tront, "Community" (https://sidewalktoronto.ca).

［15］内閣府「第 5 期科学技術基本計画」2016（http://www8.cao.go.jp/cstp/kihonkeikaku/5honbun.pdf）.

［16］内閣府「Society 5.0」（http://www8.cao.go.jp/cstp/society5_0/index.html）.

［17］松井清「ロストウ開発論批判」『経済論叢』京都大学経済学会，Vol. 99, No. 5, pp. 23-41, 1967（https://repository.kulib.kyoto-u.ac.jp/dspace/bitstream/2433/133194/1/eca0995_419.pdf）.

［18］佐藤俊樹「近代化論の可能性——外なる近代から内なる近代へ」『第 86 回日本社会学会大会要旨集』p. 451，2013.

［19］外杤保大介「進化経済地理学の発展経路と可能性」『地理学評論』Vol. 85, No. 1, pp. 40-57, 2012.

［20］Carlyle, Thomas, *Critical and Miscellaneous Essays*, 1899.

［21］Brewer, John, "Historians and the Study of Everyday Life", 2004（水田大紀訳「ミクロヒストリーと日常生活の歴史」『パブリック・ヒストリー』大阪大学西洋史学会，Vol. 2, pp. 19-37, 2005）.

［22］日本学術会議「理学・工学分野における科学・夢ロードマップ 2014 (夢ロードマップ 2014) 」（http://www.scj.go.jp/ja/info/kohyo/kohyo-22-h201.html）.

［23］西村秀和「Society 5.0 を形づくる」『横幹』Vol. 12, No. 1, 2018.

［24］日本学術会議社会学委員会討論型世論調査分科会「報告 高レベル放射性廃棄物の処分をテーマとした Web 上の討論型世論調査」2016（http://www.

scj.go.jp/ja/info/kohyo/pdf/kohyo-23-h160824-2.pdf）．

［25］西條辰義「フューチャー・デザイン」『学術の動向』Vol. 23, No. 2, pp. 64-67, 2018.

［26］Hudson, R., "Rethinking Change in Old Industrial Regions: Reflecting in the Experiences of North East England", *Environment and Planning A*, Vol. 37, pp. 597-615, 2005.

［27］Rostow, W. W., *The Stages of Economic Growth: A Non-Communist Manifesto*, Cambridge University Press, 1960（木村健康・久保まち子・村上泰亮訳『経済成長の諸段階――1つの非共産主義宣言』ダイヤモンド社, 1961）．

［28］遠藤薫「Community 5.0 を考える」『第 7 回横幹連合コンファレンス予稿集』（2016.11.18-11.20 慶應義塾大学）．

［29］遠藤薫編,『ソーシャルメディアと公共性――リスク社会のソーシャル・キャピタル』東京大学出版会, 2018.

第 2 章

［1］兵庫県「あわじ環境未来島構想」（http://www.awaji-kankyomiraijima.jp）．

［2］「離島・漁村における直流技術による自立分散エネルギーシステム技術の実証研究」『環境省 地球温暖化対策技術開発・実証研究事業成果報告書』, 2015.

［3］榊原一紀・松本卓也・谷口一徹・玉置久「自律型電力ネットワークの数理計画による全体構成最適化」『電気学会 電子・情報・システム部門誌』Vol. 137, No. 8, pp. 1009-1014, 2017.

［4］Olivier L. de Weck, Daniel Roos and Christopher L. Magee, *Engineering Systems: Meeting Human Needs in a Complex Technological World*, MIT Press, 2011（春山真一郎監訳『エンジニアリングシステムズ――複雑な技術社会において人間のニーズを満たす』慶應義塾大学出版会, 2014）．

［5］特集「創発システム―人工システムの新たなパラダイムをめざして」『計測自動制御学会誌』Vol. 35, No. 7, 1996.

［6］特集「スマーターワールド実現のための新たなシステムズアプローチを目指して」『計測と制御』Vol. 55, No. 8, 2016.

第 3 章

［1］Carley, Kathleen M., "Organizational Change and the Digital Economy: A Computational Organization Science Perspective," in Brynjolfsseon, Erik and Brian Kahin (eds.), *Understanding the Digital Economy: Data, Tools, and Research*, pp. 325-351, 2000（室田泰弘・平崎誠司訳『ディジタル・エコノミーを制する知恵』東洋経済新報社，2002）.

[2] Meyrowitz, Joshua, *No Sense of Place: The Impact of Electronic Media on Social Behavior*, Oxford University Press, 1985（安川一・高山啓子・上谷香陽訳『場所感の喪失〈上〉――電子メディアの社会的行動に及ぼす影響』新曜社，2003）.

[3] Urry, John, *Mobilities*, Polity, 2007（吉原直樹・伊藤嘉高訳『モビリティーズ――移動の社会学』作品社，2015）.

[4] 増田寛也編著『地方消滅――東京一極集中が招く人口急減』中公新書，2014.

[5] Hilferding, Rudolf, *Das Finanzkapital*, 1910（岡崎次郎訳『金融資本論』岩波文庫，1955）.

[6] Becker, Gary S., *Human Capital: A Theoretical and Empirical Analysis, with Special Reference to Education*, Chicago; University of Chicago Press, 1964(1993, 3rd ed.)（佐野陽子訳『人的資本――教育を中心とした理論的・経験的分析』東洋経済新報社，1976）.

[7] Bourdieu, Pierre and Jean-Claude Passeron, *Reproduction in Education, Society and Culture (2nd edition)* , Sage Publications, 1990 (Cultural Reproduction and Social Reproduction, 1973)（宮島喬訳『再生産――教育・社会・文化』藤原書店，1991）.

[8] Throsby, David, *Economics and Culture*, Cambridge University Press, 2001（中谷武雄・後藤和子監訳『文化経済学入門――創造性の探求から都市再生まで』日本経済新聞社，2002）.

[9] Coleman, James S., *Foundations of Social Theory*, Belknap Press, 1990.

[10] Putnam, Robert, *Making Democracy Work*, Princeton University Press, 1994（河田潤一訳『哲学する民主主義――伝統と改革の市民的構造』NTT出版，2001）.

[11] Putnam, Robert, *Bowling Alone*, Simon and Schuster, 2001（柴内康文訳『孤独なボウリング――米国コミュニティの崩壊と再生』柏書房，2006）.

[12] Hawken, Paul, Amory B. Lovins and L. Hunter Lovins, *Natural Capitalism: The Next Industrial Revolution*, Routledge, 1999 (10th Anniversay Edition, 2010)（佐和隆光監訳『自然資本の経済――「成長の限界」を突破する新産業革命』日本経済新聞社，2001）.

[13] Burt, Ronald S., *Structural Holes: The Social Structure of Competition*,

Harvard University Press, 1995.（安田雪訳『競争の社会的構造——構造的空隙の理論』新曜社，2006）.

[14] 丸田一『「場所」論——ウェブのリアリズム，地域のロマンチシズム』NTT出版，2008.

[15] 日本離島センター編集『2013 離島統計年報 CD-ROM 版』日本離島センター，2015.

[16] Florida, R., *The Rise of the Creative Class*, Basic Books, 2002（井口典夫訳『クリエイティブ資本論——新たな経済階級の台頭』ダイヤモンド社，2008）.

第 4 章

[1] 内閣府「第 5 期科学技術基本計画」2016.

[2] 増田寛也編著『地方消滅——東京一極集中が招く人口急減』中公新書，2014.

[3] OECD, *Culture and Local Development*, OECD Publishing, 2005（寺尾仁訳『創造的地域づくりと文化——経済成長と社会的結束のための文化活動』明石書店，2014）.

[4]「アーカイブ立国宣言」編集委員会編『アーカイブ立国宣言』ポット出版，2014.

[5] 一般財団法人デジタル文化財創出機構『デジタル文化革命！——日本を再生する"文化力"』東京書籍，2016.

[6] 笠羽晴夫『デジタルアーカイブの構築と運用——ミュージアムから地域振興へ』水曜社，2004.

[7] 新潟大学人文社会・教育科学系附置地域映像アーカイブ研究センター「にいがた地域映像アーカイブデータベース」（http://arc.human.niigata-u.ac.jp/malui/）.

[8] 水島久光「放送アーカイブと新しい公共圏論の可能性」『マス・コミュニケーション研究』Vol. 75, pp. 15-34, 2009.

[9] 日本放送協会「NHK 番組アーカイブス 学術利用トライアル」（http://www.nhk.or.jp/archives/academic/）.

[10] 北村順生「地域映像アーカイブの教育活用に関する事例研究」『人文科学研究』Vol. 138, pp. 177-195, 2016.

[11] 北村順生「デジタル映像アーカイブを使ったワークショップの試み」原田健一・水島久光編著『手と足と眼と耳——地域と映像アーカイブをめぐる実

践と研究』学文社，pp. 202-215, 2018.

[12] 映画保存協会（http://filmpres.org/project/hmd/）.

[13] Center for Home Movies（http://www.centerforhomemovies.org/）.

[14] 小川明子『デジタル・ストーリーテリング——声なき想いに物語を』リベルタ出版，2016.

[15] 北村順生「地域映像アーカイブの活用に関する一考察——十日町情報館ワークショップ実践の試み」『人文科学研究』Vol. 136, pp. 109-124, 2015.

第 5 章

[1] Putnam, Robert, D., *Making Democracy Work*, Princeton University Press, 1994（河田潤一訳『哲学する民主主義——伝統と改革の市民的構造』NTT 出版，2001）.

[2] 山元町「東日本大震災および津波の被害状況」（http://www.town.yamamoto.miyagi.jp/site/fukkou/324.html#）.

[3] 柴田邦臣・吉田寛・服部哲・松本早野香『「思い出」をつなぐネットワーク——日本社会情報学会・災害情報支援チームの挑戦』昭和堂，2014.

[4] 服部哲「被災地における自主的な ICT リテラシー学習の効果と方向性の検討」『2014 年社会情報学会（SSI）学会大会研究発表論文集』pp. 93-98, 2014.

[5] 服部哲「被災地の地域コミュニティ再生のための地域 SNS 利用と分析」『2017 年社会情報学会（SSI）学会大会研究発表論文集』2017（http://gmshattori.komazawa-u.ac.jp/ssi2017/wp-content/uploads/2017/07/17.pdf, 2018 年 7 月 7 日閲覧）.

[6] 松本早野香「地域に開かれ，地域から開かれた臨時災害放送局——山元町「りんごラジオ」」吉原直樹・似田貝香門・松本行真編著『東日本大震災と〈復興〉の生活記録』pp. 354-364, 六花出版，2017.

[7] 横幹〈知の統合〉シリーズ編集委員会編『〈知の統合〉は何を解決するのか——モノとコトのダイナミズム』東京電機大学出版，2016.

[8] 田村明『まちづくりの実践』岩波書店，1999.

第 6 章

[1] コンテンツツーリズム学会「設立趣意」2015（http://contentstourism.com/seturitushi.html, 2018 年 4 月 23 日閲覧）.

[2] 内閣府「第 5 期科学技術基本計画」（2016 年 1 月 22 日閣議決定）.

[3] 岡本健「コンテンツツーリズム研究の枠組みと可能性」『CATS 叢書』Vol.7,

pp. 11–40, 2012.

[4] 岡本亮輔『聖地巡礼——世界遺産からアニメの舞台まで』中公新書，2015.

[5] 山村高淑『アニメ・マンガで地域振興——まちのファンを生むコンテンツツーリズム開発法』東京法令出版，2011.

[6] デービッド・アトキンソン『新・観光立国論』東洋経済新報社，2015.

[7] 和歌山県「平成 28 年度 新政策——『未来に羽ばたく元気な和歌山』の実現に向けて」2016（https://www.pref.wakayama.lg.jp/bcms/chiji/press/280210/280210_1.pdf, 2018 年 4 月 23 日閲覧）.

[8] 和歌山県「平成 28 年 2 月 10 日 知事記者会見」2016（https://www.pref.wakayama.lg.jp/bcms/chiji/press/280210/index.html, 2018 年 4 月 23 日閲覧）.

[9] 南海フェリー株式会社（http://www.nankai-ferry.co.jp/, 2018 年 4 月 23 日閲覧）.

[10] 平田知久「Key 半島についての私論＝試論」『GCOE ワーキングペーパー 次世代研究 91 方法としてのジモト——地域社会の不可視化された領域をめぐるフィールドワーク』pp. 92–117, 2012.

第 7 章

[1] 内閣府「第 5 期科学技術基本計画」2016（http://www8.cao.go.jp/cstp/kihonkeikaku/index5.html）.

[2] Frey, C. B. and Osborn, M. A., "The Future of Employment: How Susceptible are Jobs to Computerisation?", Oxford Martin Programme on the Impacts of Future Technology, 2013（http://www.oxfordmartin.ox.ac.uk/downloads/academic/The_Future_of_Employment.pdf）.

[3] 淺間一・石井秀明・原辰次編「特集 わ：「環」を以て「輪」を為し「和」を創る」『計測と制御』Vol. 57, No. 2, 2018.

[4] 中村雄二郎『臨床の知とは何か』岩波書店，1992.

[5] Simon, H. A., *The Sciences of the Artificial*（*3 ed.*）, MIT Press, 1996（Orig. ed. 1969; 2nd, rev. ed. 1981）.

[6] 小林潔司・原良憲・山内裕編『日本型クリエイティブ・サービスの時代——「おもてなし」への科学的接近』日本評論社，2014.

[7] Selberg, S. and Austin, M., "Toward an Evolutionary System of Systems Architecture", 2008（2010-07-15, Archived by WebCite at http://www.webcitation.org/5rEnx8BLf）.

[8] von Hippel, E.A., ""Sticky Information" and the Locus of Problem Solving:

Implications for Innovation", *Management Science*, Vol. 40, No. 4, pp. 429-439, 1994.

［9］Polanyi, Michael, *The Tacit Dimension*, University of Chicago Press, 1966 (佐藤敬三訳『暗黙知の次元──言語から非言語へ』紀伊国屋書店，1980).

［10］椹木哲夫「システムのゆらぎとレジリエンス」『システム／制御／情報』 Vol. 60, No. 1, pp. 9-17, 2016.

［11］加藤敏・八木剛平編集『レジリアンス──現代精神医学の新しいパラダイム』 金原出版，2009.

［12］Gunnestad, A., "Resilience in a Cross-Cultural Perspective: How Resilience is Generated in Different cultures", *Journal of Intercultural Communication*, Issue 11, April, 2006（http://www.immi.se/ intercultural/nr11/gunnestad.htm).

［13］木村敏『人と人との間──精神病理学的日本論』弘文堂選書，1972.

索　引

▌英数字

Abstract Contract　15
CPS（Cyber-Physical Systems）　27
Industrie 4.0　iii，98
QoW（Quality of Working）　94
Sidewalk Labs　6
Society 5.0（超スマート社会）　iii，7，31，
　43，57，60，65，71，77，78，98
SoS（System of Systems）　14，98

▌あ

アーカイブ　44，65
　　映像——　47，48，50，52
　　地域の映像——　47，48
　　デジタル——　44，50
　　デジタル映像——　47，54
　　ナショナルな——　46
　　ローカルな——　46
愛好会　60，61，62
あいだ　97，104
アクチュアリティ　104
安心感　63，64，71
暗黙知　100，101，104

意味情報処理技術　100
インターネット　4
インタフェース　96
インタラクティブ・マーケティング　95

受け身のユーザー　69

映像アーカイブ　47，48，50，52
エネルギー自立島　22

横断型基幹科学技術　iii
大きな歴史　10
思い出サルベージアルバム・オンライン
　58，64

▌か

外部環境　96
価値共創　13
価値の共創現象　96

技術的失業　104
客観　95，97
　　情動的——　103
　　認知的——　103
共感　95，103，104
共通感覚　101
近代化　1
近代社会　2
金融資本　37

組み立てラインによる大量生産　3

経験価値　99
経済発展段階説　1

経路依存性　9
ゲゼルシャフト（Gesellschaft）　2
ゲマインシャフト（Gemeinschaft）　2

合意形成　16
工業的失業　104
高コミュニケーション　97
高コンテクスト情報　97
構想駆動型社会システムマネジメント　14
コトづくり　78，79，83，90
コトの一意化　83，84，87，89
コトの多意化　86，87，90
コミュニケーションモデル　97
固有性　34
コンテンツツーリズム　77，85，87，90
コンピュータ化　3

さ
サービス　95
　　　──科学　95，97
サイバー・コミュニティ　iv，1
サイバー・フィジカルシステム　3
産業革命　2

自己組織化　103
システムのシステム（SoS）　14，98
自然資本　37
シナリオ分析　18
資本　37
　　　金融──　37
　　　自然──　37
　　　社会的──　37
　　　人的──　37
　　　ネットワーク──　38
　　　文化──　37
社会形成　31
社会的公正性　14
社会的資本　37
社会の多様性　13

社会ビューポイント　15
主観　95，97
　　　──性　96
主客分離　96
主体　60，68，69，73，74，95
　　　──性　97
情動的共感　103
情報の生態学　32
情報の粘着性　99
情報場　40
知ることの技術　101
人工物　96
人的資本　37
シンボリズム　95
信頼価値　99
信頼性　63
心理的ホメオスタシス　102

ステークホルダー　17
スマートコミュニティ　6

生活世界　95
聖地　80，81
　　　──巡礼　77

相互限定的　97
相互主観性　96
創発システム　27
ソーシャル・キャピタル　57，71

た
第5期科学技術基本計画　7，44，93
対象　95
他者　96

地域　6，15，21，31，47，61
　　　──SNS　60，61
　　　──住民向けワークショップ　51，54
　　　──性　31，32，34，39

――の映像アーカイブ　47，48
――文化の再生　52
地域コミュニティ　27，43，78，81
――の文化的再生　44
小さな歴史　10
知識の流通　99
知の統合学　13
抽象的約定　15
超スマート社会（Society 5.0）　iii，7，
　31，43，57，60，65，71，77，78，98
直流マイクログリッド　23

データの供給の連鎖　100
テクノロジー失業　93
テクノロジカル・アンエンプロイメント
　104
デジタルアーカイブ　44，50
デジタル映像アーカイブ　47，54
伝統社会　2

当事者視点　9
討論型世論調査　18

な

内部環境　96
ナショナルなアーカイブ　46

日本型クリエイティブ・サービス　97
日本社会情報学会　58
認知的共感　103

沼島プロジェクト　21

ネットワーク資本　38

は

場所性　31，34，39
パソコン愛好会　60，61，62
バックキャスティング　18

東日本大震災　57
被災者　59
ビジョン構築　16
人中心　98

複雑適応系　103
復興支援　58，60
文化資本　37
文化的レジリエンス　103

ま

ミクロヒストリー　10

物語性（テーマ性）　77，79，81，83，
　85，86，87，88
ものづくり　78，84

や

山元町　58
――SNS　61，62，63
――パソコン愛好会　60，61，62

弱い紐帯　38

ら

リアルなもの　11
りんごラジオ　59，60，65，66，70，71
臨時災害放送局　60，65，66，69

レジリエント　102
――な社会　13
連携人口　35

ローカルなアーカイブ　46
ロードマップ　iv，1，11
ロバストネス　102

編著者紹介

編者

横断型基幹科学技術研究団体連合
横幹〈知の統合〉シリーズ編集委員会

編集顧問	吉川 弘之	横幹連合名誉会長（2008 ～）． 東京大学名誉教授（1997 ～），日本学士院会員（2014 ～）．
	木村 英紀	横幹連合元会長（2008 ～ 2011）． 早稲田大学理工学術院招聘研究教授（2014 ～）．
	出口 光一郎	横幹連合元会長（2011 ～ 2016），理事（2003 ～）． 東北大学名誉教授（2014 ～）．
	鈴木 久敏	横幹連合前会長（2016 ～ 2018）． 大学共同利用機関法人情報・システム研究機構監事（2015 ～）．
編集委員会 委員長	遠藤 薫	横幹連合元副会長（2013 ～ 2017）． 学習院大学法学部教授（2003～）．
編集委員会 委員	安岡 善文	横幹連合元副会長（2010 ～ 2013）． 科学技術振興機構 SATREPS（地球規模課題対応研究プログラム）研究主幹（2011 ～），国際環境研究協会環境研究総合推進費等研究主監（2015 ～）．
	舩橋 誠壽	横幹連合副会長（2015 ～），理事（2009 ～）． 国際環境研究協会 CO_2 排出削減対策強化誘導型技術開発・実証事業プログラムオフィサー（2017 ～）．
	本多 敏	横幹連合副会長（2017 ～），理事（2016 ～）． 慶應義塾大学理工学部教授（1998 ～）．

吉川 弘之（よしかわ・ひろゆき）［編集顧問］

横幹連合	会長（2003 ～ 2008），名誉会長（2008 ～）.
所属学会	精密工学会 元会長.
最終学歴	東京大学工学部精密工学科卒業（1956），工学博士（1964）.
職　　歴	三菱造船入社（1956），株式会社科学研究所（現 理化学研究所）入所（1956），東京大学工学部助教授（1966），英国バーミンガム大学客員研究員（1967），東京大学学長補佐（1971），ノルウェー国立工科大学客員教授（1977），東京大学工学部教授（1978），同評議員（1987），同工学部長（1989），同学長特別補佐（1991），同総長（1993），文部省学術国際局学術顧問（1997），日本学術会議会長（1997），日本学術振興会会長（1997），放送大学長（1998），国際科学会議会長（1999），独立行政法人産業技術総合研究所理事長（2001），独立行政法人科学技術振興機構研究開発戦略センターセンター長（2009），国立研究開発法人科学技術振興機構特別顧問（2015 ～ 2017），同上席フェロー（2017 ～ 2018）.
現　　在	東京大学名誉教授（1997 ～），日本学士院会員（2014 ～）.
主な著書	『信頼性工学』（コロナ社，1979），『ロボットと人間』（日本放送出版協会，1985），『テクノグローブ』（工業調査会，1996），『テクノロジーと教育のゆくえ』（岩波書店，2001），『科学者の新しい役割』（岩波書店，2002），『本格研究』（東京大学出版会，2009）.

木村 英紀（きむら・ひでのり）［編集顧問］

横幹連合	副会長（2003 ～ 2008），理事（2003 ～ 2011），会長（2008 ～ 2011），監事（2011 ～ 2013）.
所属学会	計測自動制御学会 元会長.
最終学歴	東京大学工学系大学院博士課程（1970），工学博士.
職　　歴	大阪大学基礎工学部助手，助教授（1970 ～ 1986），同工学部教授（1986 ～ 1995），東京大学工学部教授（1995 ～ 2000），同新領域創成科学研究科教授（2000 ～ 2004），理化学研究所バイオミメティックコントロール研究センター生物制御研究室長（2002 ～ 2009），同 BSI 理研トヨタ連携センター長（2009 ～ 2013），科学技術振興機構研究開発戦略センター上席フェロー（2009 ～ 2015）.
現　　在	早稲田大学理工学術院招聘研究教授（2014 ～）.
主な著書	『ロバスト制御』（コロナ社，2000），『制御工学の考え方』（講談社ブルーバックス，2002），『ものつくり敗戦』（日本経済新聞出版社，2009），『世界を制する技術思考』（講談社，2015）.

出口 光一郎（でぐち・こういちろう）［編集顧問］

横幹連合	理事（2003 ～），副会長（2010 ～ 2011），会長（2011 ～ 2016）.
所属学会	計測自動制御学会，情報処理学会，電子情報通信学会，日本ロボット学会，形の科学会，IEEE.
最終学歴	東京大学大学院工学系研究科修士課程修了（1976），工学博士.
職　歴	東京大学工学部助手，講師，山形大学工学部助教授（1976 ～），東京大学工学部計数工学科助教授（1988），東北大学情報科学研究科教授（1999）.
現　在	東北大学名誉教授（2014 ～）.
主な著書	『コンピュータビジョン』（丸善，1989），『画像と空間――コンピュータビジョンの幾何学』（昭晃堂，1991），『ロボットビジョンの基礎』（コロナ社，2000），『画像認識論講義』（昭晃堂，2002），『Mathematics of Shape Description: A Morphological Approach to Image Processing and Computer Graphics』（John Wiley & Sons，2008），『センシングのための情報と数理』（共著，コロナ社，2008）.

鈴木 久敏（すずき・ひさとし）［編集顧問］

横幹連合	理事（2004 ～ 2009，2013 ～ 2018），副会長（2008 ～ 2009，2013 ～ 2015），監事（2009 ～ 2011），会長（2016 ～ 2018）.
所属学会	日本オペレーションズ・リサーチ学会 元理事，日本経営工学会 元副会長.
最終学歴	東京工業大学大学院（1976）.
職　歴	東京工業大学助手（1976 ～ 1988），筑波大学助教授，教授，研究科長，理事・副学長（2009 ～ 2013），独立行政法人科学技術振興機構研究開発戦略センター特任フェロー，フェロー（2013 ～ 2015）.
現　在	大学共同利用機関法人情報・システム研究機構監事（2015 ～）.
主な著書	『整数計画法と組合せ最適化』（編著，日科技連出版社，1982），『オペレーションズ・リサーチ I』（共著，朝倉書店，1991），『ビジネス数理への誘い』（共著，朝倉書店，2003），『マーケティング・経営戦略の数理』（共著，朝倉書店，2009）.

遠藤 薫（えんどう・かおる）［編集委員会委員長］

横幹連合	理事（2007 ～ 2009，2013 ～ 2018），副会長（2013 ～ 2017）.
所属学会	社会情報学会 評議員（元副会長），日本社会学会 理事，数理社会学会 副会長，計画行政学会 副会長.
最終学歴	東京工業大学大学院理工学研究科博士後期課程修了（1993），博士（学術）.
職　歴	信州大学人文学部助教授（1993 ～ 1996），東京工業大学大学院社会理工学研究科助教授（1996 ～ 2003）.

編者

現　　在	学習院大学法学部教授（2003 ～）.
主な著書	『ロボットが家にやってきたら…――人間と AI の未来』（岩波書店，2018），『ソーシャルメディアと公共性――リスク社会のソーシャル・キャピタル』（編，東京大学出版会，2018），『Reconstruction of the Public Sphere in the Socially Mediated Age』（共編，Springer，2017），『社会理論の再興――社会システム論と再帰的自己組織性を超えて』（共編，ミネルヴァ書房，2016），『ソーシャルメディアと〈世論〉形成――間メディアが世界を揺るがす』（編著，東京電機大学出版局，2016），『間メディア社会の〈ジャーナリズム〉――ソーシャルメディアは公共性を変えるか』（編著，同，2014），『グローバリゼーションと社会学――モダニティ・グローバリティ・社会的公正』（共編著，ミネルヴァ書房，2013），『廃墟で歌う天使――ベンヤミン『複製技術時代の芸術作品』を読み直す』（現代書館，2013），『メディアは大震災・原発事故をどのように語ったか――報道・ネット・ドキュメンタリーを検証する』（東京電機大学出版局，2012），『大震災後の社会学』（編著，講談社，2011），ほか.

安岡　善文（やすおか・よしふみ）［編集委員会委員］

横幹連合	理事（2005 ～ 2007，2010 ～ 2013），副会長（2010 ～ 2013），監事（2013 ～ 2016）.
所属学会	日本リモートセンシング学会 会長，日本写真測量学会，計測自動制御学会，環境科学会，米国電気電子工学会（IEEE），ほか.
最終学歴	東京大学大学院工学系研究科計数工学専攻博士課程修了（1975），工学博士.
職　　歴	国立環境研究所総合解析部総合評価研究室長（1987），同社会環境システム部情報解析研究室室長（1990），同地球環境研究センター総括研究管理官（1996），東京大学生産技術研究所教授（1998），独立行政法人国立環境研究所理事（2007）.
現　　在	科学技術振興機構 SATREPS（地球規模課題対応研究プログラム）研究主幹（2011 ～），国際環境研究協会環境研究総合推進費等研究主監（2015 ～），ほか.

舩橋　誠壽（ふなばし・もとひさ）［編集委員会委員］

横幹連合	理事（2009 ～），事務局長（2009 ～ 2015），副会長（2015 ～）.
所属学会	計測自動制御学会 名誉会員・フェロー，電気学会 終身会員・フェロー，日本知能情報ファジィ学会 名誉会員.
最終学歴	京都大学大学院工学研究科数理工学専攻修士課程修了（1969），京都大学工学博士（1990）.
職　　歴	株式会社日立製作所（1969 ～ 2010），中央研究所，システム開発研究所で研究員，主任研究員，主管研究員，主管研究長等を歴任，京都大学大学院情報学研究科数理工学専攻応用数理モデル分野客員教授（2003 ～ 2008），独

立行政法人国立環境研究所監事（2007 〜 2011），北陸先端科学技術大学院大学知識科学研究科シニアプロフェッサー（2012 〜 2017）．

現　　在　　国際環境研究協会 CO_2 排出削減対策強化誘導型技術開発・実証事業プログラムオフィサー（2017 〜）．

主な著書　　『ニューロコンピューティング入門』（オーム社，1992），『システム制御のための知的情報処理』（共著，朝倉書店，1999），『ネットベースアプリケーション』（編著，裳華房，2002），『横断型科学技術とサービスイノベーション』（共編著，近代科学社，2010）．

本多　敏（ほんだ・さとし）［編集委員会委員］

横幹連合　　理事（2010 〜 2014，2016 〜），副会長（2017 〜）．

所属学会　　公益社団法人計測自動制御学会 元理事・元会長，日本応用数理学会，IEEE．

最終学歴　　東京大学工学部（1975）．

職　　歴　　東京大学工学部助手（1975 〜 1986），東京大学工学部講師（1986），熊本大学工学部助教授（1986 〜 1990），慶應義塾大学理工学部助教授（1990 〜 1998）．

現　　在　　慶應義塾大学理工学部教授（1998 〜）．

主な著書　　『Mn'M Workbook 3: Future Urban Intensities』（編著，flick studio, 2014），『センシングのための情報と数理』（共著，コロナ社，2008），『計測工学ハンドブック』（共著，朝倉書店，2001）．

著者（執筆順）

遠藤 薫（えんどう・かおる）［はじめに，第1章，あとがき］

横幹連合	理事（2007 ～ 2009，2013 ～ 2018），副会長（2013 ～ 2017）．
所属学会	社会情報学会 評議員（元副会長），日本社会学会 理事，数理社会学会 副会長，計画行政学会 副会長．
最終学歴	東京工業大学大学院理工学研究科博士後期課程修了（1993），博士（学術）．
職　歴	信州大学人文学部助教授（1993 ～ 1996），東京工業大学大学院社会理工学研究科助教授（1996 ～ 2003）．
現　在	学習院大学法学部教授（2003 ～）．
主な著書	『ロボットが家にやってきたら…──人間とAIの未来』（岩波書店，2018），『ソーシャルメディアと公共性──リスク社会のソーシャル・キャピタル』（編，東京大学出版会，2018），『Reconstruction of the Public Sphere in the Socially Mediated Age』（共編，Springer，2017），『社会理論の再興──社会システム論と再帰的自己組織性を超えて』（共編，ミネルヴァ書房，2016），『ソーシャルメディアと〈世論〉形成──間メディアが世界を揺るがす』（編著，東京電機大学出版局，2016），『間メディア社会の〈ジャーナリズム〉──ソーシャルメディアは公共性を変えるか』（編著，同，2014），『グローバリゼーションと社会学──モダニティ・グローバリティ・社会的公正』（共編著，ミネルヴァ書房，2013），『廃墟で歌う天使──ベンヤミン『複製技術時代の芸術作品』を読み直す』（現代書館，2013），『メディアは大震災・原発事故をどのように語ったか──報道・ネット・ドキュメンタリーを検証する』（東京電機大学出版局，2012），『大震災後の社会学』（編著，講談社，2011），ほか．

榊原 一紀（さかきばら・かずとし）［第2章］

所属学会	計測自動制御学会，電気学会，システム制御情報学会，スケジューリング学会 評議員（元理事），進化計算学会．
最終学歴	神戸大学大学院自然科学研究科博士課程後期課程修了（2004），博士（工学）．
職　歴	立命館大学助手（2004 ～ 2008），同大学講師（2008 ～ 2013）．
現　在	富山県立大学准教授（2013 ～）．
主な著書	『進化技術ハンドブック』（共著，近代科学社，2010），『自己組織化ハンドブック』（共著，エヌ・ティー・エス，2009）．

玉置 久（たまき・ひさし）［第2章］

横幹連合	理事（2010 ～ 2015），会誌編集委員長（2013 ～ 2014）．
所属学会	電気学会 代議員（元関西支部長），システム制御情報学会 代議員（元会長），計測自動制御学会 元理事，日本鉄鋼協会 代議員（元理事），スケジューリング学会 評議員（元会長），日本工学アカデミー．
最終学歴	京都大学大学院工学研究科博士後期課程研究指導認定退学（1990），博士（工学）．
職　歴	京都大学助手（1990 ～ 1995），神戸大学講師（1995 ～ 1999），同大学助教授（1999 ～ 2006）．
現　在	神戸大学教授（2006 ～）．
主な著書	『自己組織化ハンドブック』（共著，エヌ・ティー・エス，2009），『システム最適化』（編著，オーム社，2005），『遺伝アルゴリズムと最適化』（共著，朝倉書店，1998）．

河又 貴洋（かわまた・たかひろ）［第3章］

所属学会	社会情報学会（SSI）評議員（元理事），情報通信学会（JSICR）理事，進化経済学会，研究イノベーション学会，CIEC（コンピュータ利用教育学会）．
最終学歴	筑波大学大学院経営政策研究科修士課程修了（1991），修士（経済学）．
職　歴	財団法人電気通信政策総合研究所研究員（1991 ～ 1999），英国サセックス大学科学技術政策研究所（SPRU）Visiting Fellow（2003 ～ 2004）．
現　在	長崎県立大学シーボルト校国際社会学部准教授（1999 ～）．
主な著書	『よくわかる社会情報学』（共著，ミネルヴァ書房，2015），『進化経済学ハンドブック』（共著，共立出版，2006），『情報通信の国際提携戦略』（共著，中央経済社，1999），『日本の企業進化——革新と競争のダイナミック・プロセス』（共訳，東洋経済新報社，1998），『通信・放送の融合——その理念と制度変容』（共著，日本評論社，1997）．

北村 順生（きたむら・よりお）［第4章］

所属学会	社会情報学会 評議員（元理事），情報通信学会 関西センター委員，日本マス・コミュニケーション学会，日本社会学会，日本教育メディア学会，デジタルアーカイブ学会．
最終学歴	東京大学大学院社会学研究科修士課程修了（1994），修士（社会学）．
職　歴	財団法人郵政国際協会電気通信政策総合研究所研究員（1994 ～ 1997），財団法人国際通信経済研究所研究員（1997 ～ 1998），同研究所副主任研究員（1998 ～ 2001），新潟大学人文学部准教授（2001 ～ 2016）．
現　在	立命館大学映像学部准教授（2016 ～）．

主な著書 　『手と足と眼と耳——地域と映像アーカイブをめぐる実践と研究』（共著，学文社，2018），『懐かしさは未来とともにやってくる——地域映像アーカイブの理論と実際』（共著，同，2013），『新訂 新聞学』（共著，日本評論社，2009），『人文学の生まれるところ』（共著，東北大学出版会，2009），『形と空間のなかの私』（共著，同，2008），『大学における共通知のありか』（共著，同，2005），『電子メディア文化の深層』（共著，早稲田大学出版会，2003），『知の地平——大学におけるマルチリテラシーと応用倫理』（共著，東北大学出版会，2003），『情報通信の国際提携戦略』（共著，中央経済社，1999），『通信・放送の融合——その理念と制度変容』（共著，日本評論社，1997）．

服部 哲 （はっとり・あきら）［第 5 章］

所属学会 　情報処理学会 グループウェアとネットワークサービス研究会運営委員，社会情報学会 理事，情報通信学会，地理情報システム学会．

最終学歴 　名古屋大学大学院人間情報学研究科博士後期課程単位取得退学（2004），博士（学術）．

職　　歴 　神奈川工科大学情報学部助教（助手）（2004 〜 2010），同大学准教授（2010 〜 2014），駒澤大学グローバル・メディア・スタディーズ学部准教授（2014 〜 2018）．

現　　在 　駒澤大学グローバル・メディア・スタディーズ学部教授（2018 〜）．

主な著書 　『「思い出」をつなぐネットワーク——日本社会情報学会・災害情報支援チームの挑戦』（共著，昭和堂，2014），『Web システムの開発技術と活用方法』（共著，共立出版，2013），『Web データベースの構築技術』（共著，コロナ社，2009），『グループウェア——Web 時代の協調作業支援システム』（共著，森北出版，2007）．

松本 早野香 （まつもと・さやか）［第 5 章］

所属学会 　社会情報学会，情報処理学会．

最終学歴 　名古屋大学人間情報学研究科社会情報学専攻博士課程後期課程満期退学（2006），博士（学術）．

職　　歴 　明治大学研究員（2009 〜 2011），サイバー大学助教（2011），同大学専任講師（2011 〜 2015）．

現　　在 　大妻女子大学専任講師（2015 〜）．

主な著書 　『Web 制作の技術——企画から実装，運営まで』（共著，共立出版，2015 年），『「思い出」をつなぐネットワーク——日本社会情報学会・災害情報支援チームの挑戦』（共著，昭和堂，2014），『Web システムの開発技術と活用方法』（共著，共立出版，2013）．

吉田　寛（よしだ・ひろし）［第 5 章］

所属学会　　社会情報学会 理事.

最終学歴　　京都大学大学院文学研究科思想文化学専攻博士後期課程単位取得満期退学
　　　　　　（2001），博士（文学）.

職　　歴　　静岡大学講師（2006 ～ 2007），同大学准教授（2007 ～ 2016）.

現　　在　　静岡大学教授（2016 ～）.

主な著書　　『これからのウィトゲンシュタイン──刷新と応用のための 14 篇』（共著，
　　　　　　リベルタス出版，2016），『「思い出」をつなぐネットワーク──日本社会情
　　　　　　報学会・災害情報支援チームの挑戦』（共著，昭和堂，2014），『ウィトゲンシュ
　　　　　　タインの「はしご」──『論考』における「像の理論」と「生の問題」』（単
　　　　　　著，ナカニシヤ出版，2009）.

平田 知久（ひらた・ともひさ）［第 6 章］

所属学会　　社会情報学会 研究活動委員会委員，日本社会学会 研究情報支援委員会委員・
　　　　　　HP ワーキンググループ委員，ほか.

最終学歴　　京都大学大学院人間・環境学研究科研究指導認定退学（2008），博士（人間・
　　　　　　環境学）.

職　　歴　　京都大学大学院文学研究科研究員（グローバル COE）（2008 ～ 2013），日
　　　　　　本学術振興会特別研究員（PD）（2013 ～ 2015），群馬大学社会情報学部講師
　　　　　　（2015 ～ 2018）.

現　　在　　群馬大学社会情報学部准教授（2018 ～）.

主な著書　　『せめぎ合う親密と公共──中間圏というアリーナ』（共著，京都大学学術出版
　　　　　　会，2017），『Theorizing Digital Divide（Routledge Advances in Sociology）』（共
　　　　　　著，Routledge，2017），『デジタル情報社会の未来（岩波講座 現代 第 9 巻）』
　　　　　　（共著，岩波書店，2016），『The Digital Divide: Social Inequality and the
　　　　　　Internet in International Perspective（Routledge Advances in Sociology）』
　　　　　　（共著，Routledge，2013）.

椹木 哲夫（さわらぎ・てつお）［第 7 章］

横幹連合　　理事（2006 ～ 2010）.

所属学会　　計測自動制御学会 副会長，システム制御情報学会 元会長，ヒューマンイン
　　　　　　タフェース学会 元会長，日本鉄鋼協会 元評議員，日本知能情報ファジィ学
　　　　　　会 元理事.

最終学歴　　京都大学大学院工学研究科博士後期課程指導認定退学（1986），工学博士.

職　　歴　　京都大学助手（1986 ～ 1994），同大学助教授（1994 ～ 2002），同大学教授
　　　　　　（2002 ～），米国スタンフォード大学客員研究員（1991 ～ 1992）.

現　　在　　京都大学教授（2002 ～）.

主な著書　『アーティファクトデザイン』（編著, 共立出版, 2018）,『スキルと組織』（編著, 国際高等研究所学術出版, 2011）,『スキルの科学』（分担執筆, 同, 2007）,『パターン・記号統合　基礎と応用——ペットロボットのペットらしさを求めて』（分担執筆, 丸善, 2004）,『安全の探求——人・社会と巨大技術が構成するシステムの安全学とその実践』（分担執筆, ERC 出版, 2001）,『挑戦——知能化する機械』（分担執筆, 養賢堂, 1997）,『知能工学概論』（分担執筆, 昭晃堂, 1996）,『知識情報処理とファジィ』（分担執筆, 日刊工業新聞社, 1993）,『知識システム工学』（共著, 計測自動制御学会, 1991）.

【横幹〈知の統合〉シリーズ】

ともに生きる地域コミュニティ　超スマート社会を目指して

2018年10月10日　第1版1刷発行　　　　ISBN 978-4-501-63150-5 C3000

編　者　横幹〈知の統合〉シリーズ編集委員会
著　者　遠藤薫・榊原一紀・玉置久・河又貴洋・北村順生・服部哲・
　　　　松本早野香・吉田寛・平田知久・椹木哲夫
　　　　©TraFST "Knowledge Integration" Series Editorial Board,
　　　　Endo Kaoru, Sakakibara Kazutoshi, Tamaki Hisashi,
　　　　Kawamata Takahiro, Kitamura Yorio, Hattori Akira,
　　　　Matsumoto Sayaka, Yoshida Hiroshi, Hirata Tomohisa,
　　　　Sawaragi Tetsuo 2018

発行所　学校法人 東京電機大学　〒120-8551　東京都足立区千住旭町5番
　　　　東京電機大学出版局　　　Tel. 03-5284-5386(営業) 03-5284-5385(編集)
　　　　　　　　　　　　　　　　Fax. 03-5284-5387 振替口座 00160-5-71715
　　　　　　　　　　　　　　　　https://www.tdupress.jp/

[JCOPY] ＜(社)出版者著作権管理機構 委託出版物＞
本書の全部または一部を無断で複写複製（コピーおよび電子化を含む）することは，著作権法上での例外を除いて禁じられています。本書からの複製を希望される場合は，そのつど事前に，(社)出版者著作権管理機構の許諾を得てください。また，本書を代行業者等の第三者に依頼してスキャンやデジタル化をすることはたとえ個人や家庭内での利用であっても，いっさい認められておりません。
[連絡先] Tel. 03-3513-6969, Fax. 03-3513-6979, E-mail：info@jcopy.or.jp

組版：徳保企画　　印刷：(株)加藤文明社印刷所　　製本：渡辺製本(株)
装丁：小口翔平＋岩永香穂（tobufune）
カバーイラスト：TPG／PIXTA（ピクスタ）
落丁・乱丁本はお取り替えいたします。　　　　　　　Printed in Japan

横幹〈知の統合〉シリーズ

〈知の統合〉を通して人間・社会の課題解決への道筋を探る

〈知の統合〉は何を解決するのか
モノとコトのダイナミズム

■ A5 判／136 頁
■ ISBN 978-4-501-62950-2

「モノつくり」社会を脱し，システム構築に基づいた「コトつくり」へ．「モノ」と「コト」のダイナミズムを理解するヒントを提示する．

人工物観／コトつくりからシステム統合へ／コトを測る／マネジメントとコトつくりの科学技術／学際・国際・業際／サービスイノベーション／日本のモノづくりとそのメタ・システム化

2016 年 日本感性工学会 出版賞 受賞
カワイイ文化とテクノロジーの隠れた関係

■ A5 判／128 頁
■ ISBN 978-4-501-62960-1

「カワイイ」価値をめぐる冒険の旅へ．「カワイイ」に代表されるポピュラーな感性的価値に，一流の研究者たちが学問領域の枠を超えて真摯に向き合う．

なぜいま，「カワイイ」がひとびとを引きつけるのか？／「かわいい」の系統的研究／絵双紙から漫画・アニメ・ライトノベルまで／カワイイと地元経済／かわいいとインタラクティブ・メディア／複製技術と歌う身体

価値創出をになう人材の育成
コトつくりとヒトつくり

■ A5 判／120 頁
■ ISBN 978-4-501-63020-1

多領域にわたる課題解決や，革新的なイノベーション創出のために，異分野の知と積極的に連携し，知の統合を体現・実現する横断型人材の育成法を提言．

「知の統合」が価値の源泉／横断型人材育成としてのレジリエンス工学教育／曖昧さを活かして価値創造できる人材育成／情報技術が加速する横断型融合人材／統合知による課題解決型人材の育成／知識科学的方法論の全学展開によるイノベーション創出人材の育成／PBL 型学習で統合知を獲得する／システム統合知の実践による人材育成

社会シミュレーション
世界を「見える化」する

■ A5 判／130 頁
■ ISBN 978-4-501-63070-6

災害・環境・都市・グローバリゼーション等をモデル化・可視化することで，世界のダイナミズムを読み解く「社会シミュレーション」の可能性を提示．

「持続可能な社会」をシミュレーションする／エージェント・ベース・モデリングの楽しさと難しさ／データ分析を社会のシミュレーションに利用する／ソーシャルメディアにおける情報拡散／人工社会が予測する都市の動態／シミュレーション技術を応用した3次元文化財の透視可視化